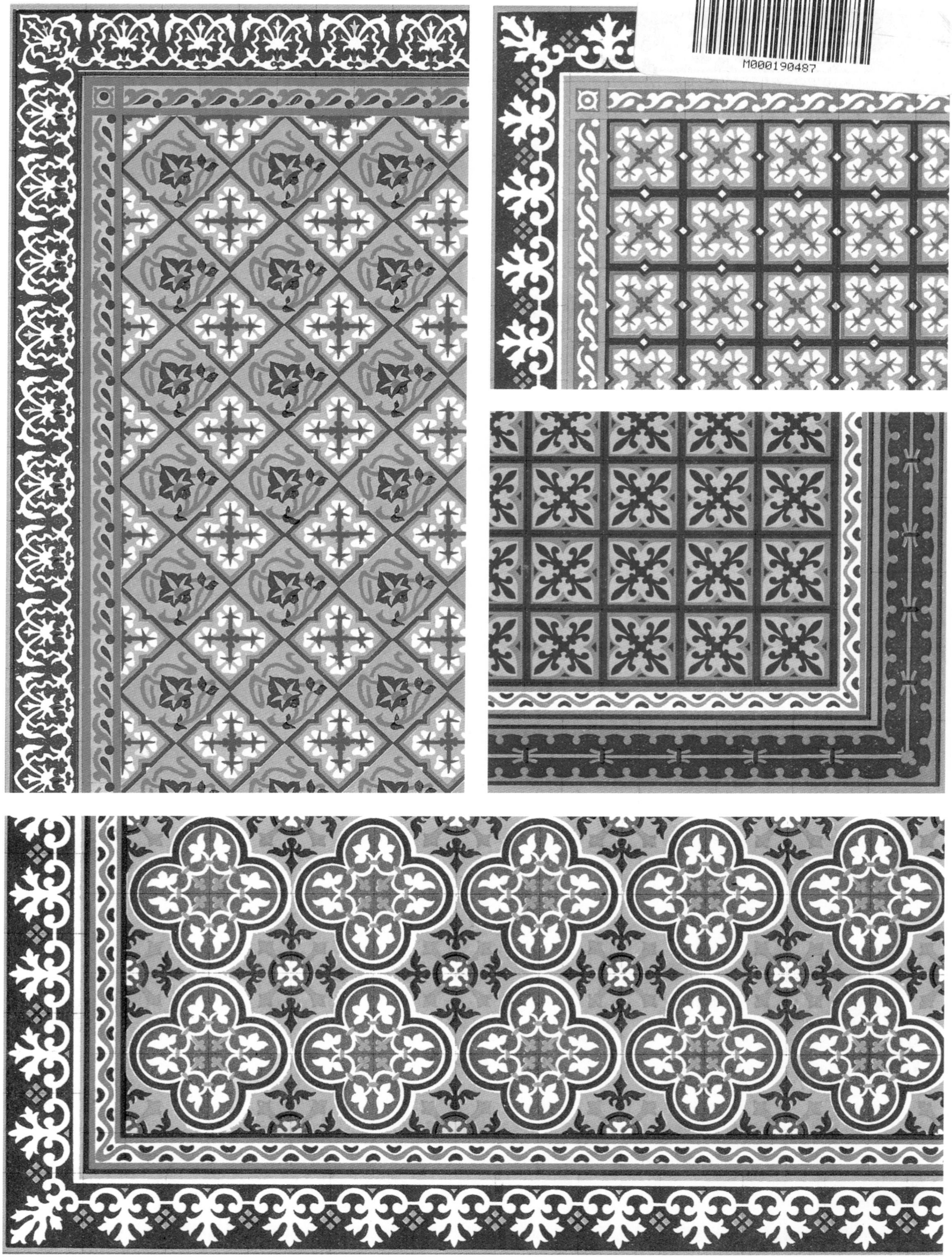

PLATE 1

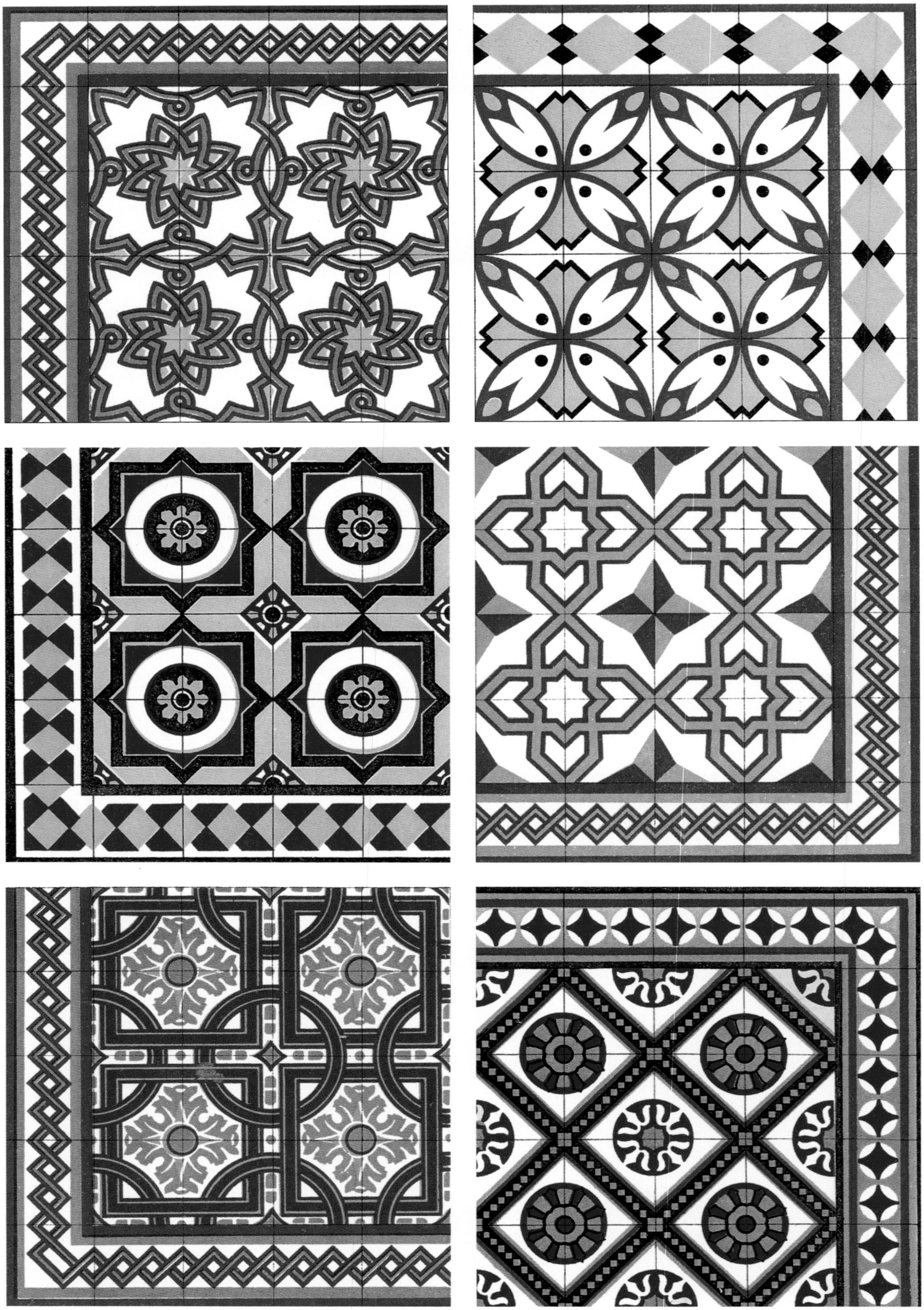

PLATE 2

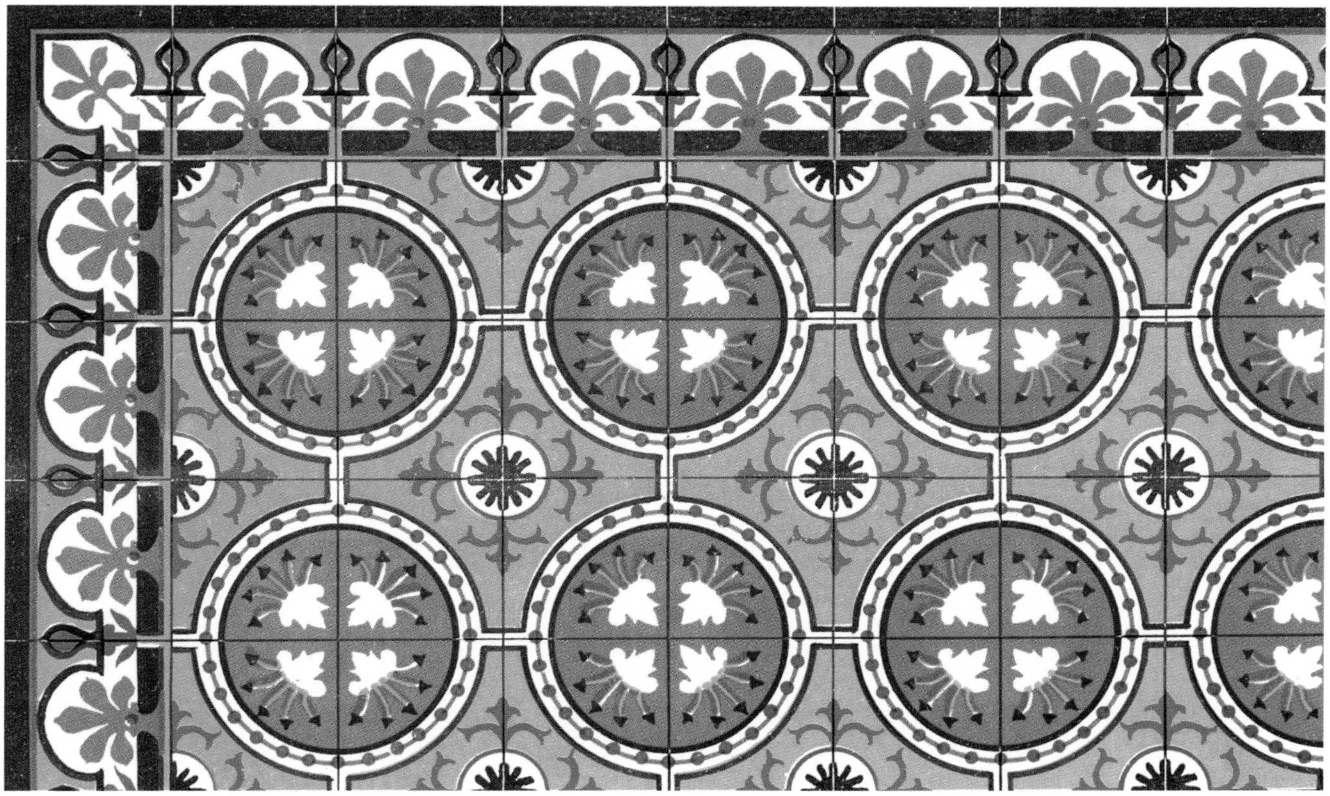

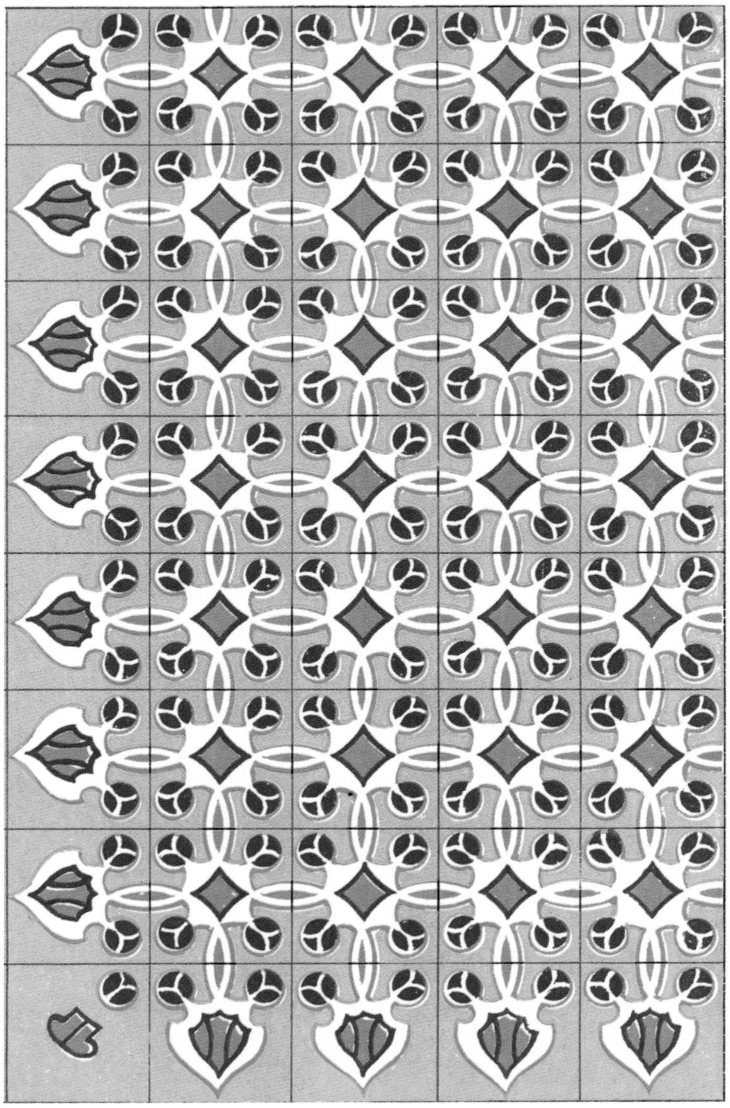

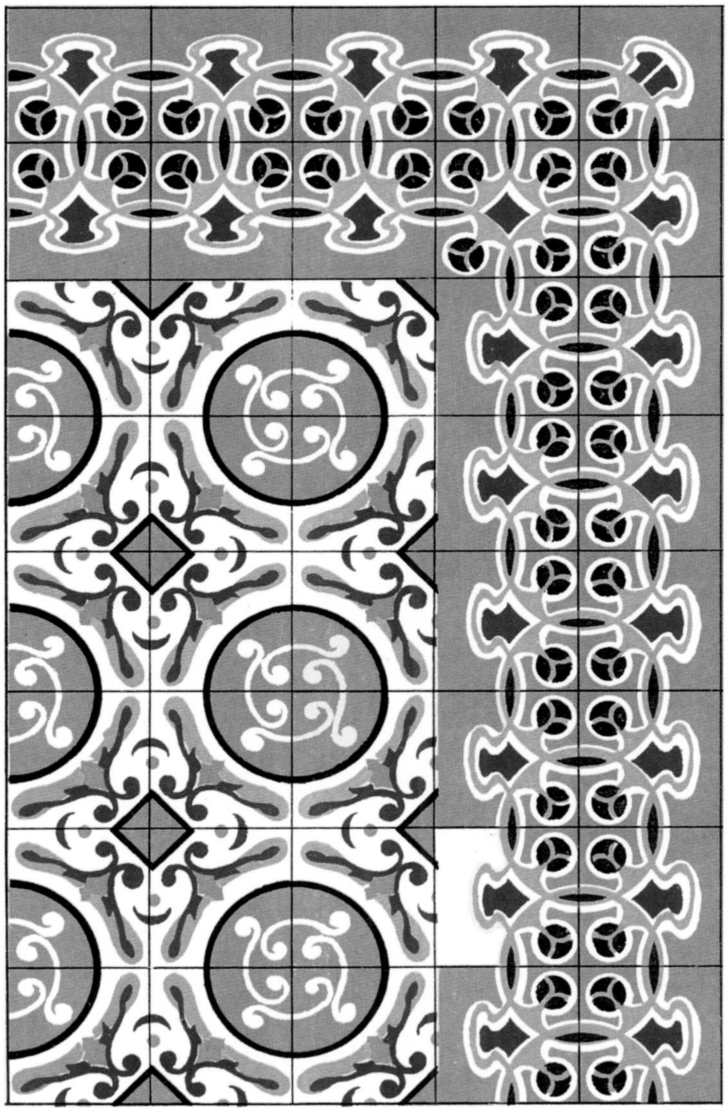

PLATE 3

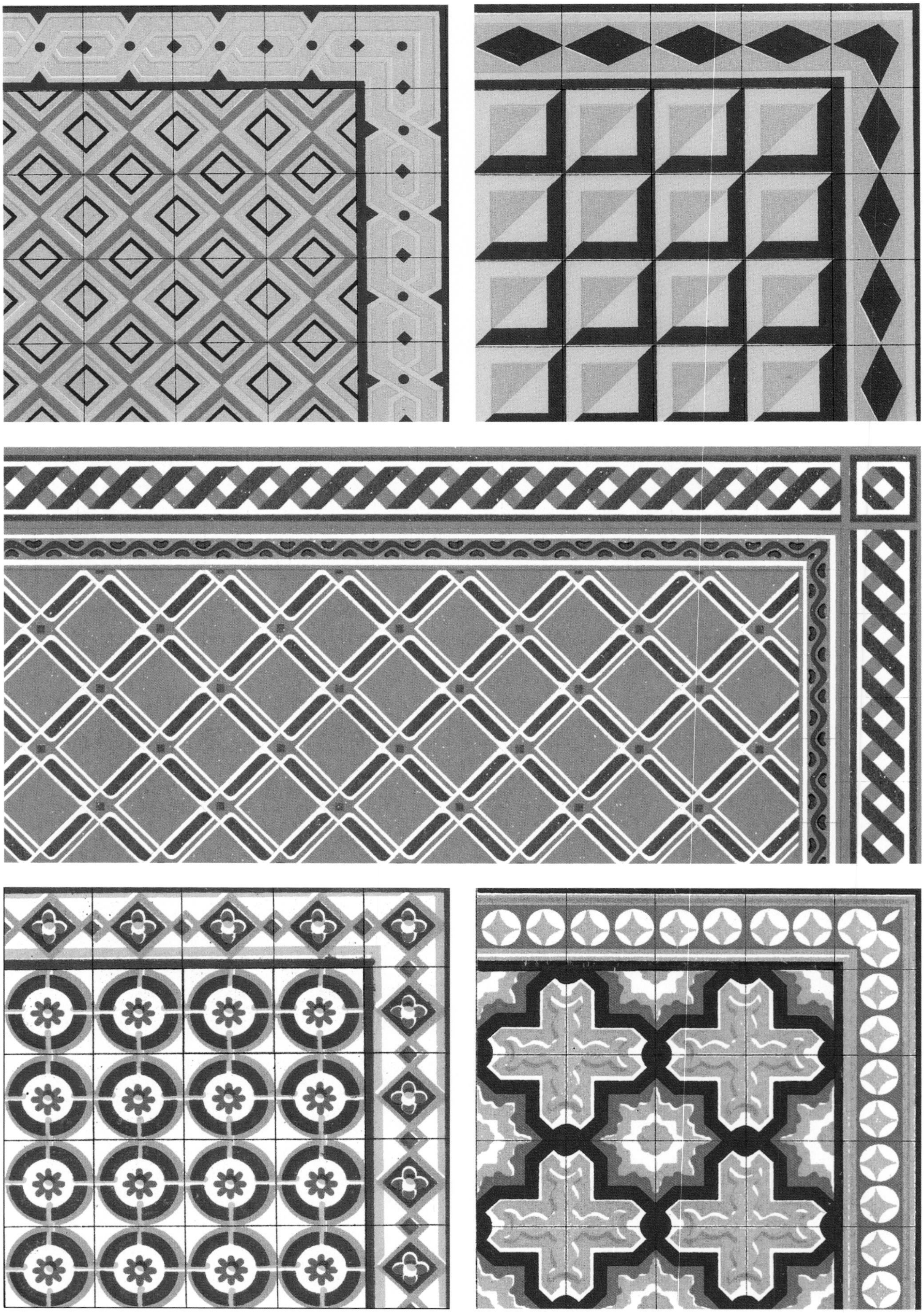

PLATE 4

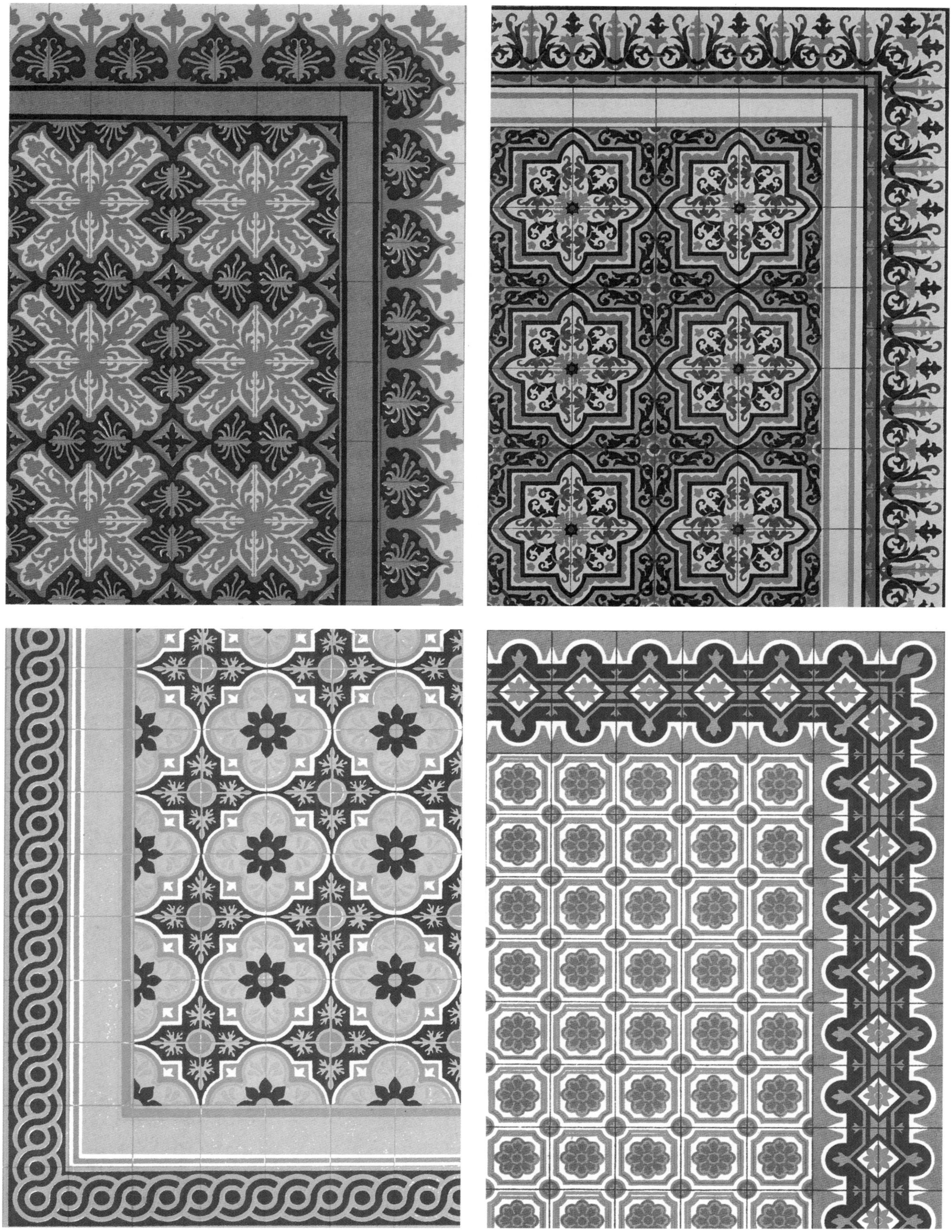

PLATE 5

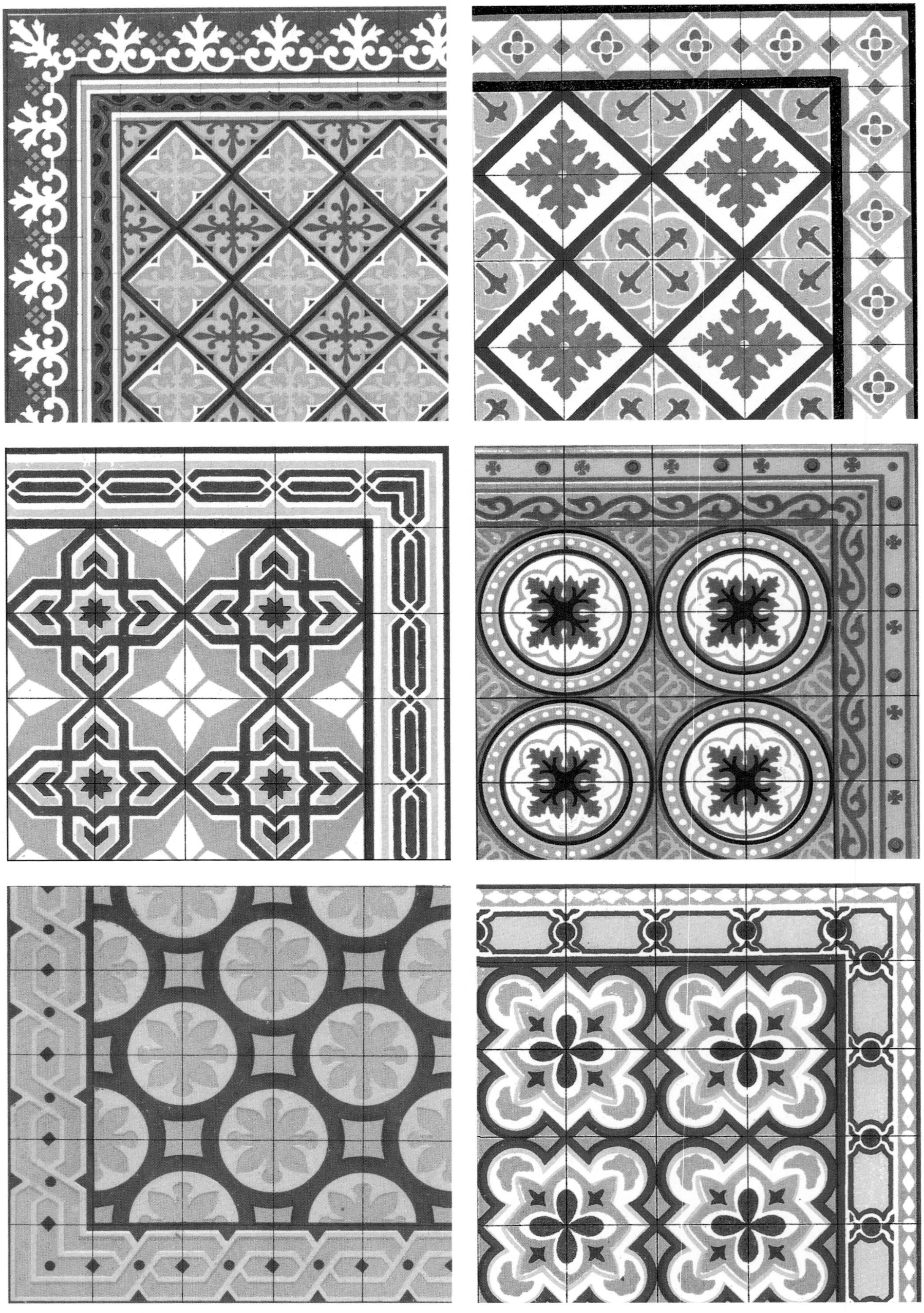

PLATE 6

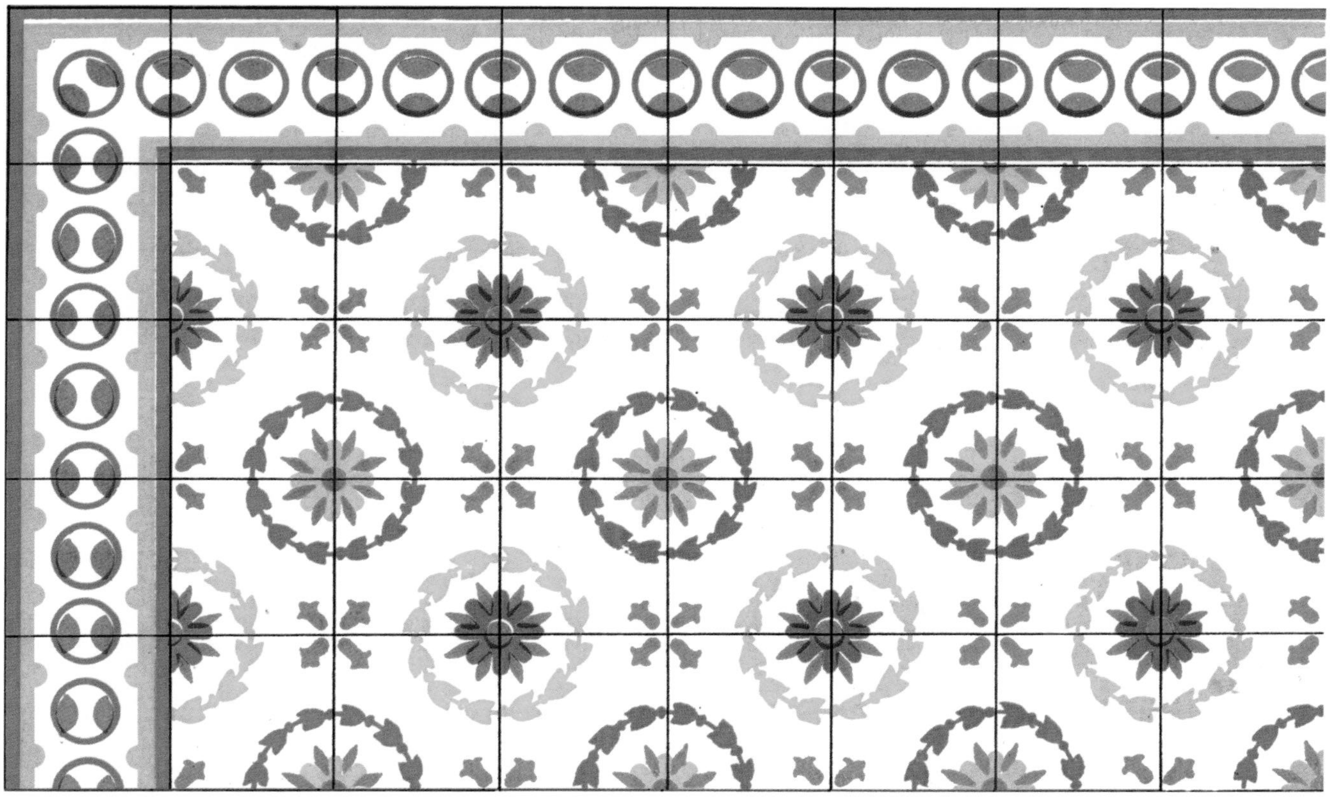

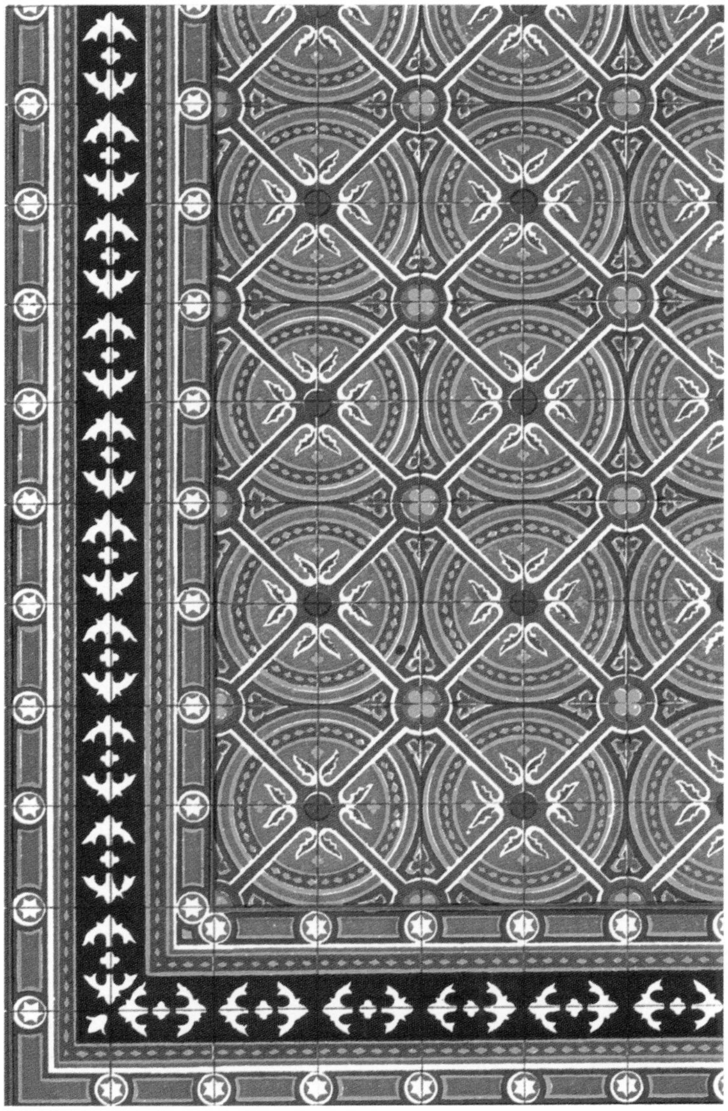

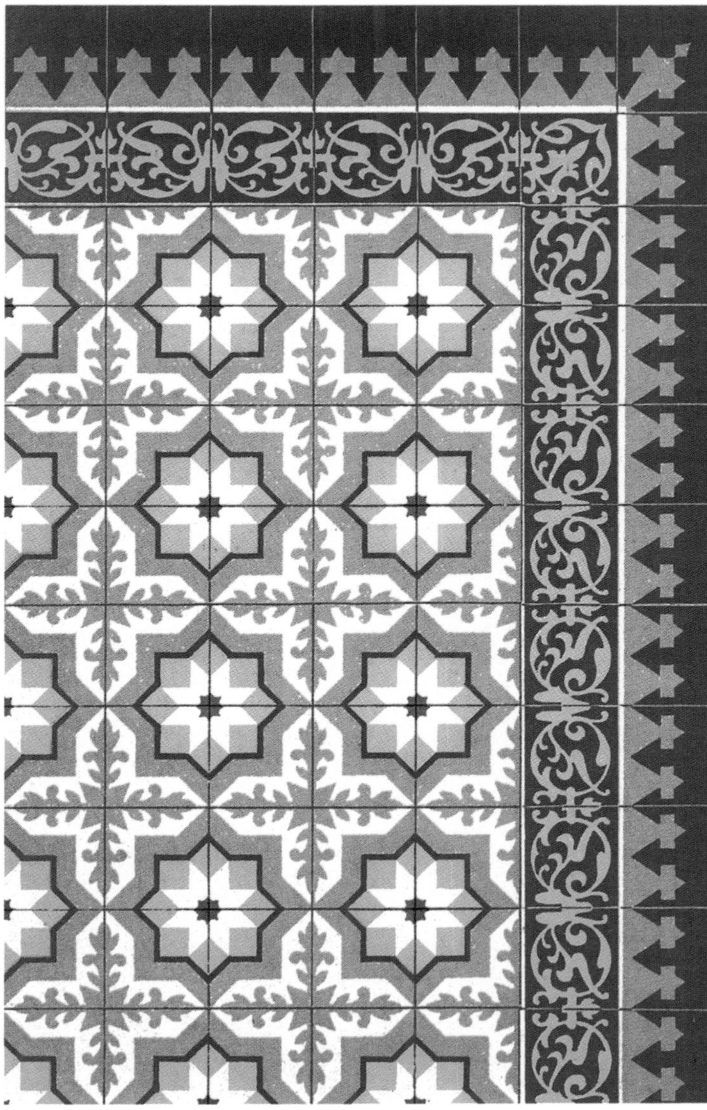

PLATE 7

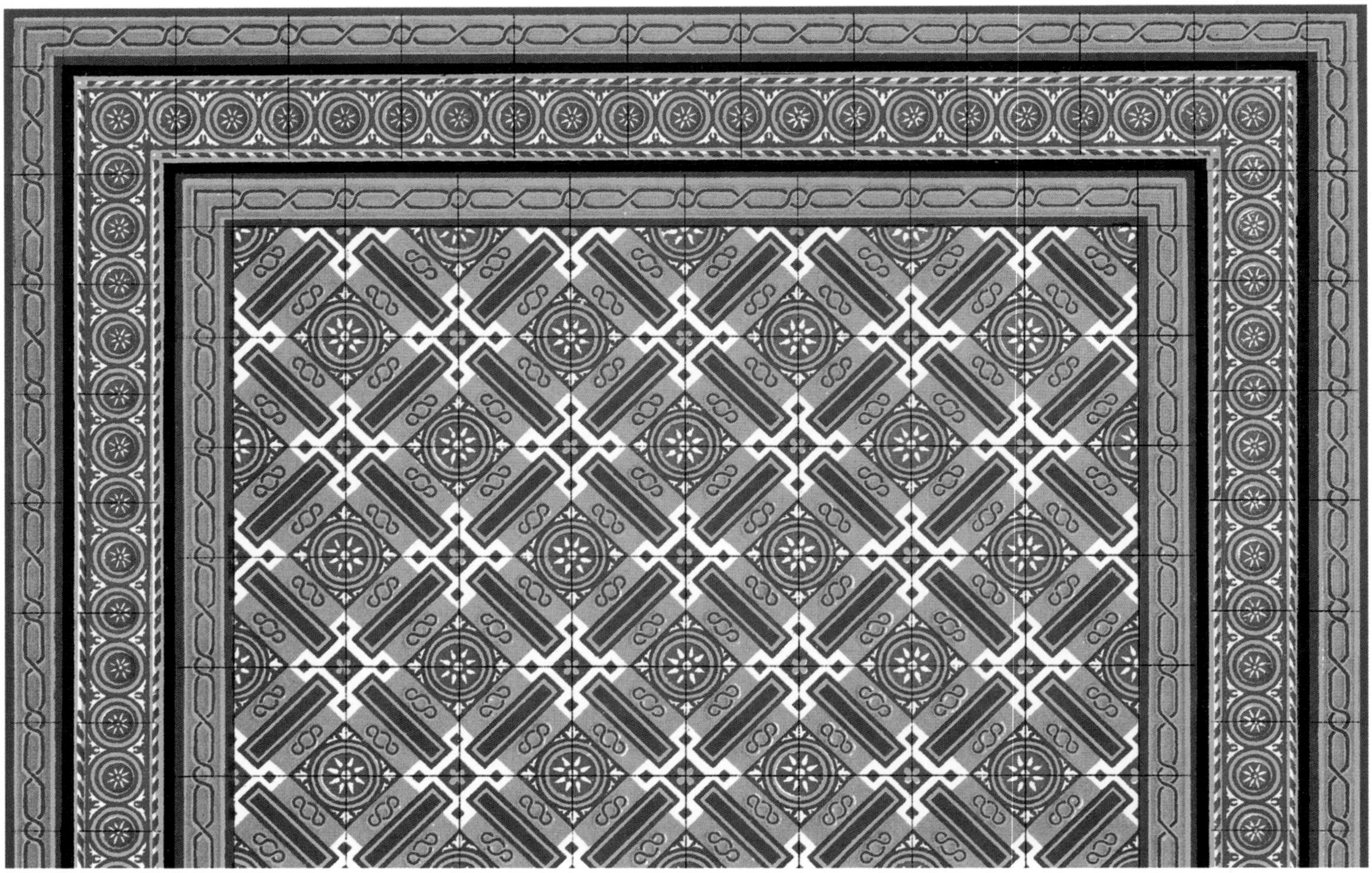

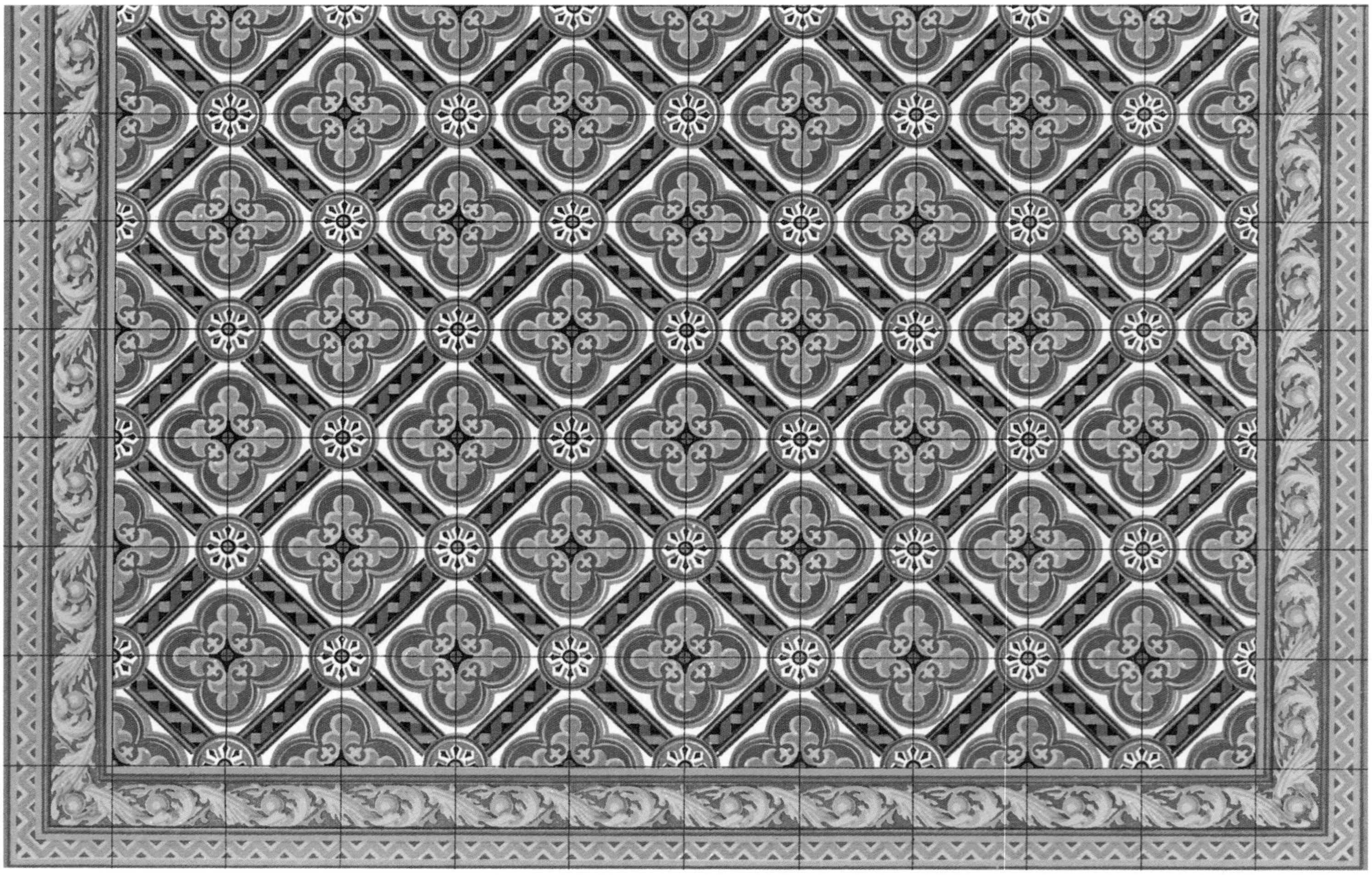

PLATE 8

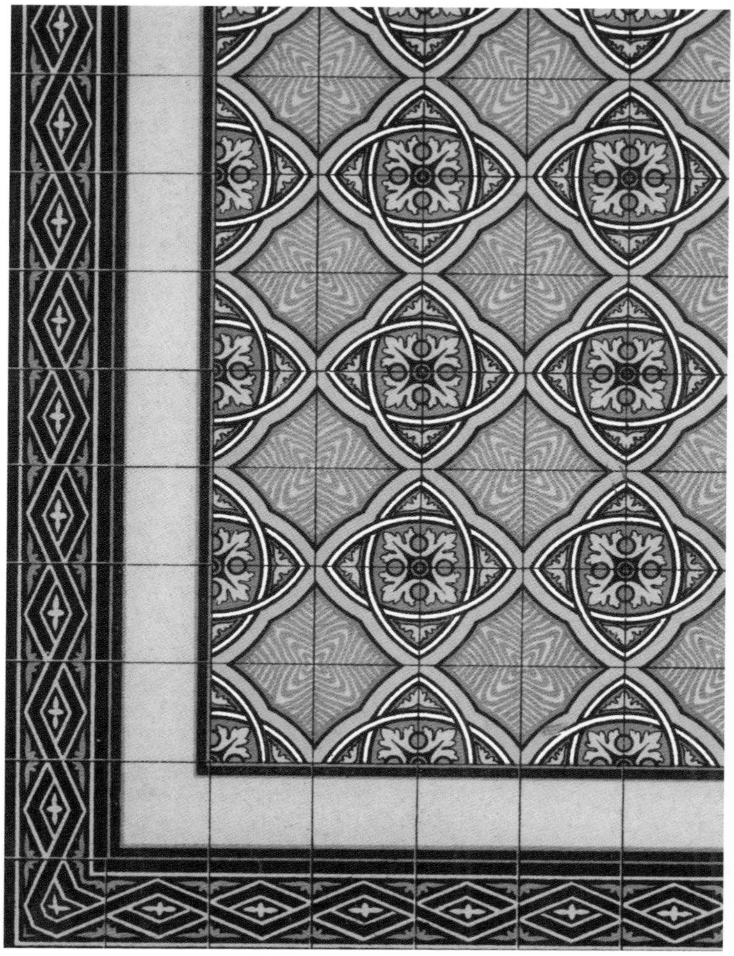
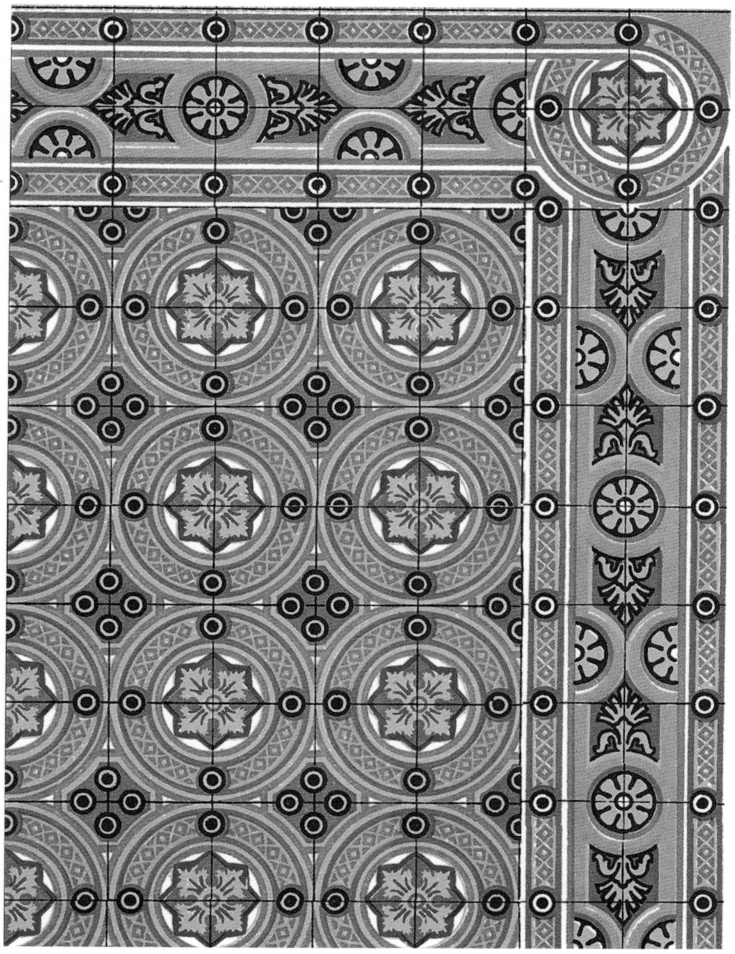
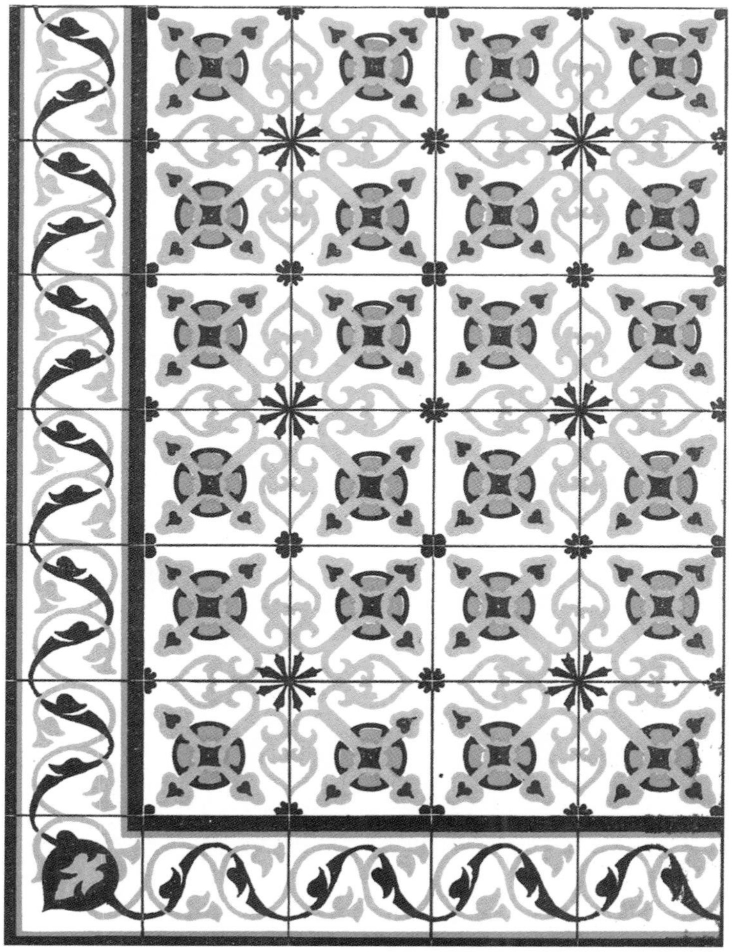
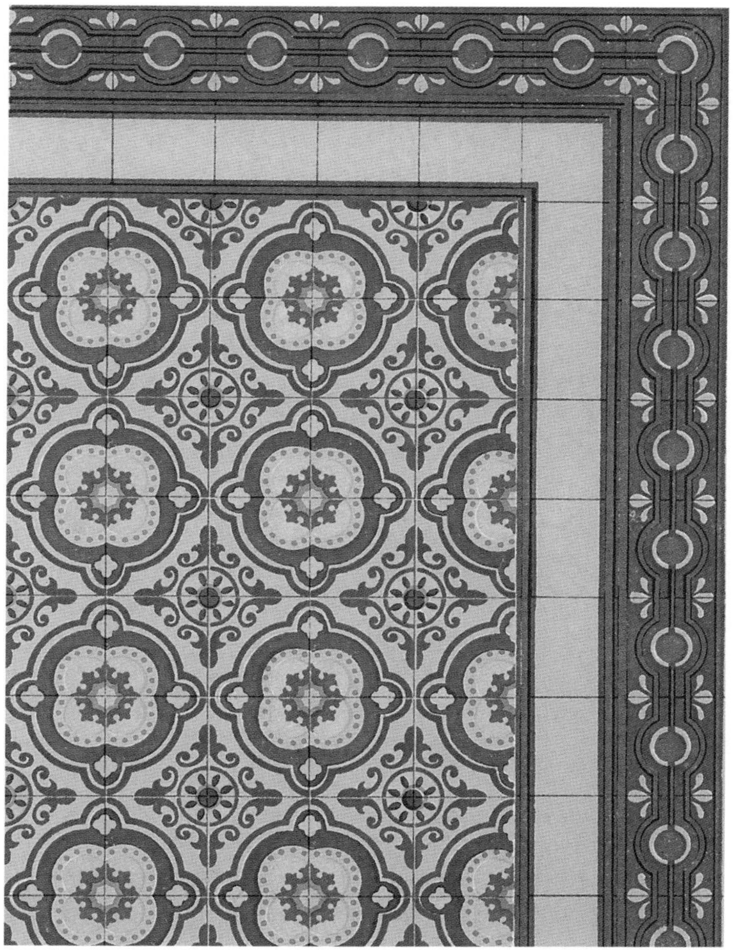

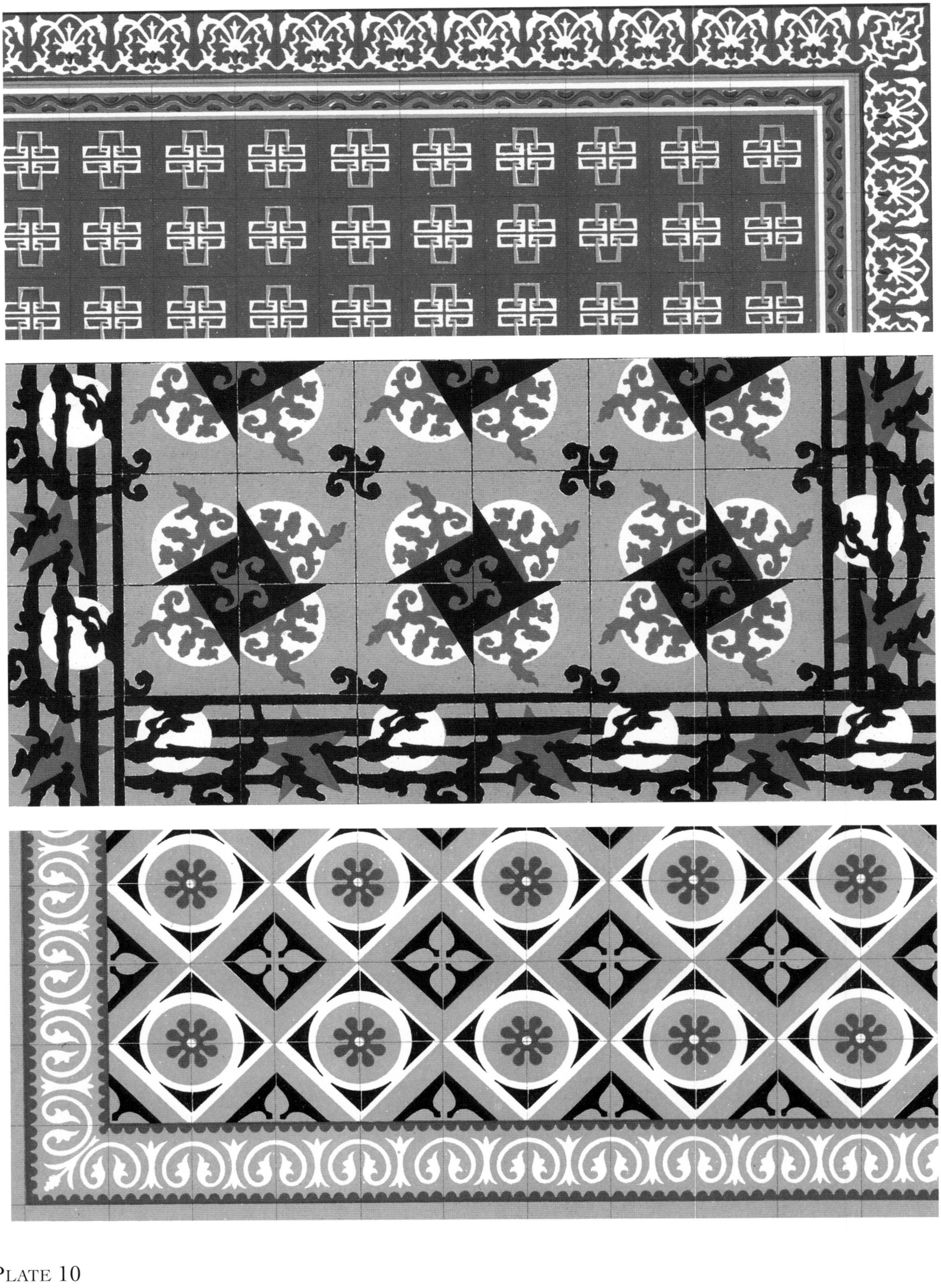

PLATE 10

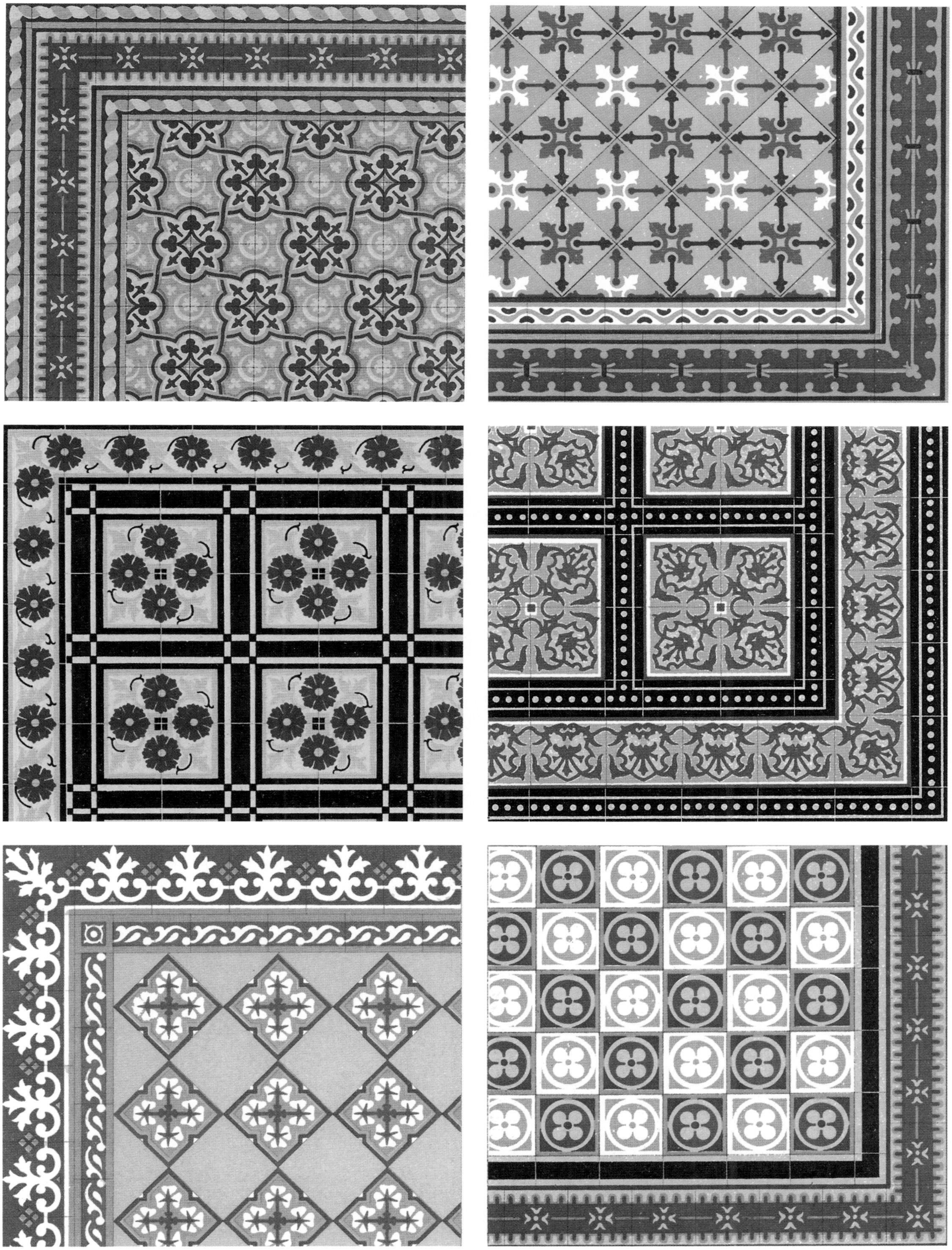

PLATE 11

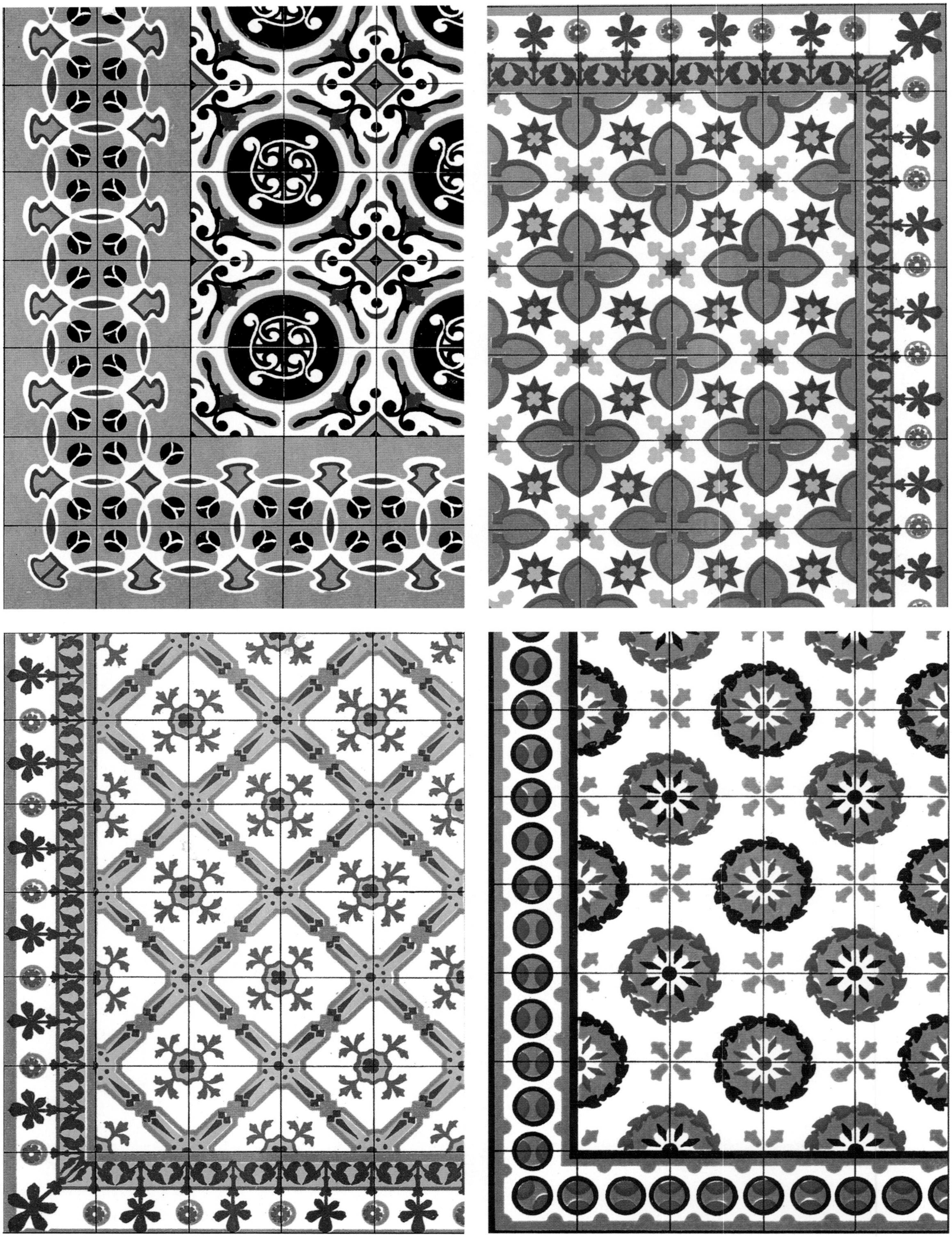

PLATE 12

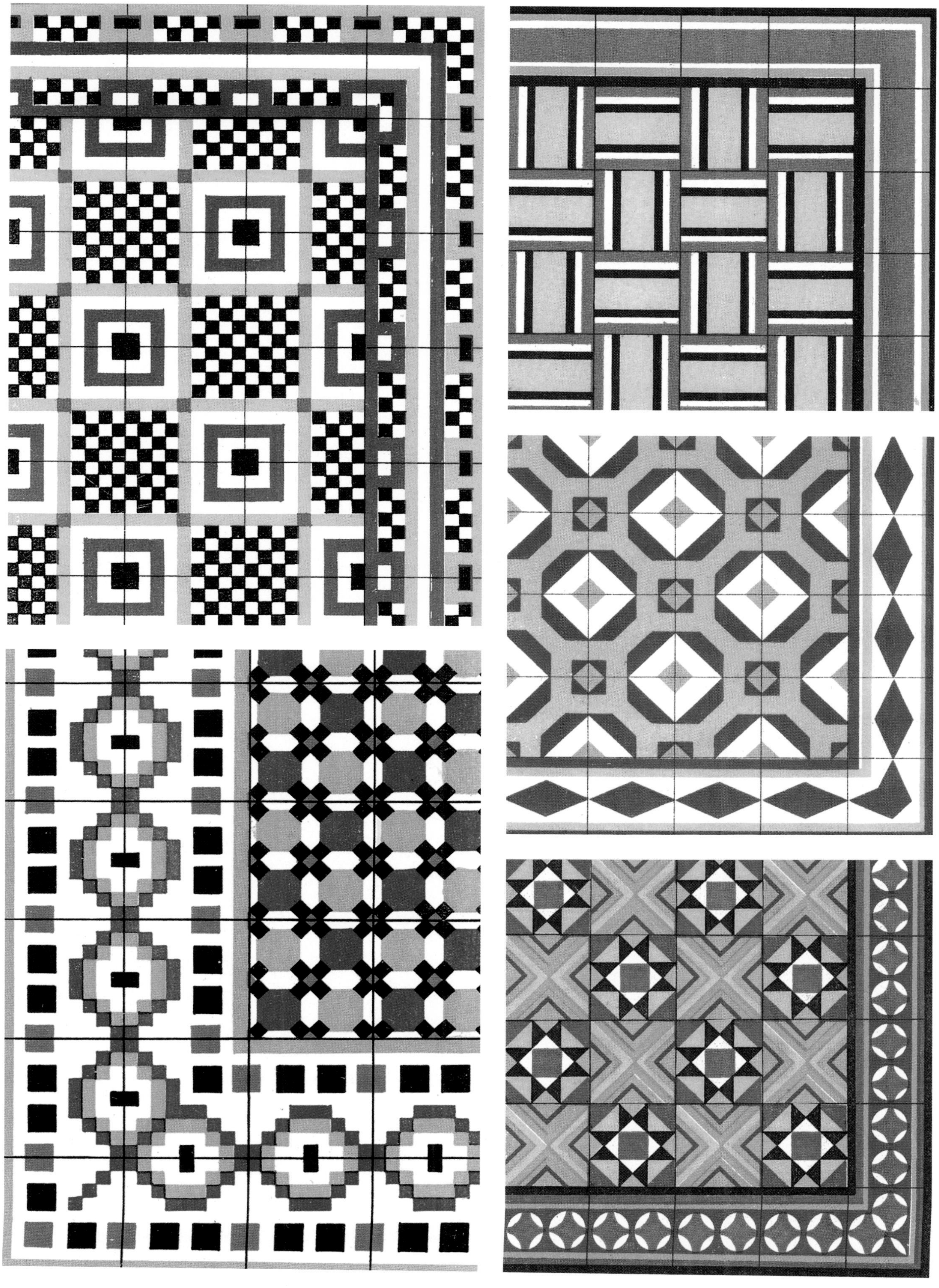

PLATE 13

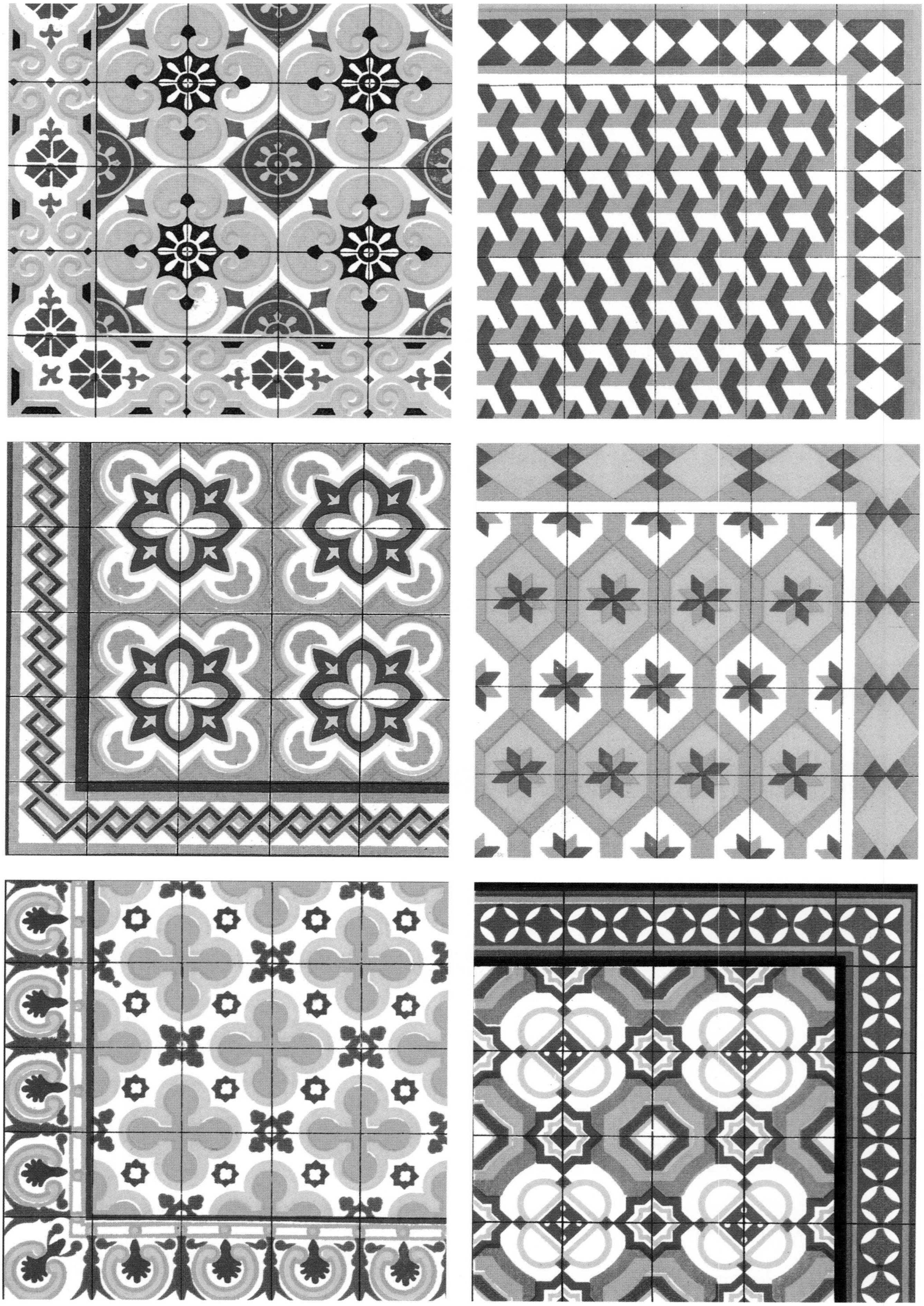

PLATE 14

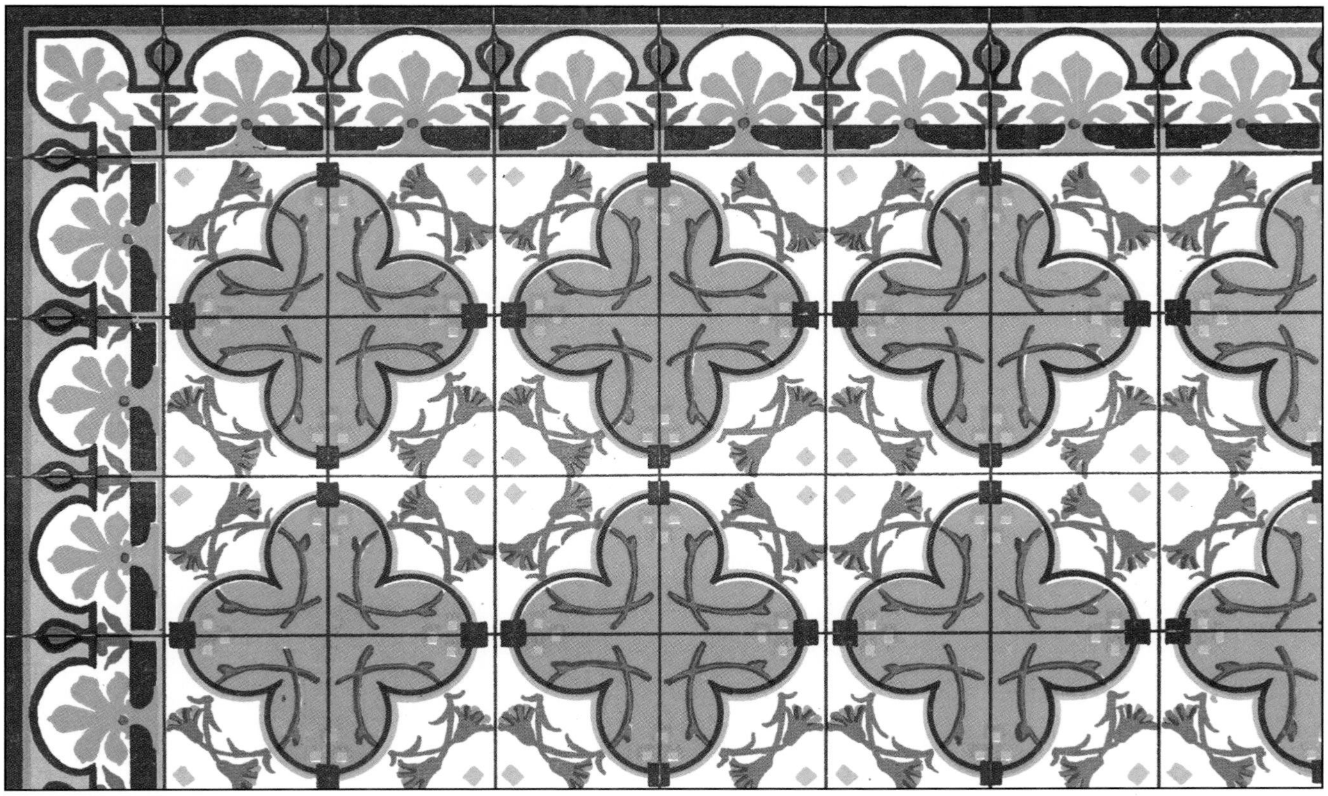

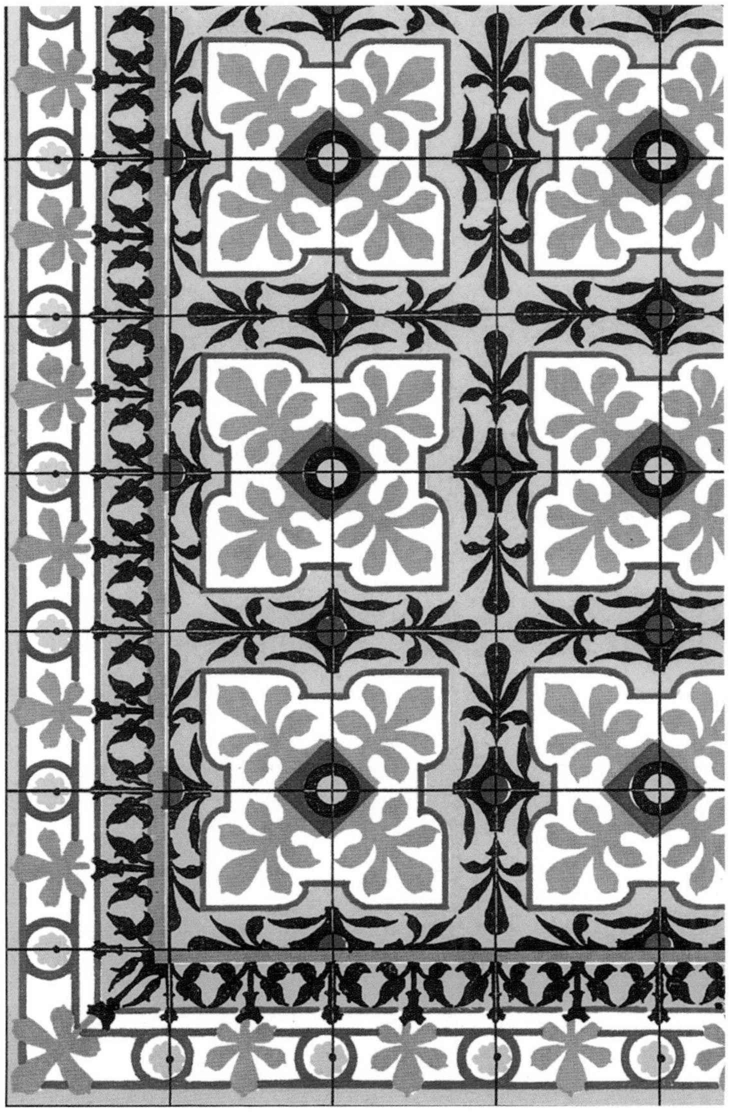

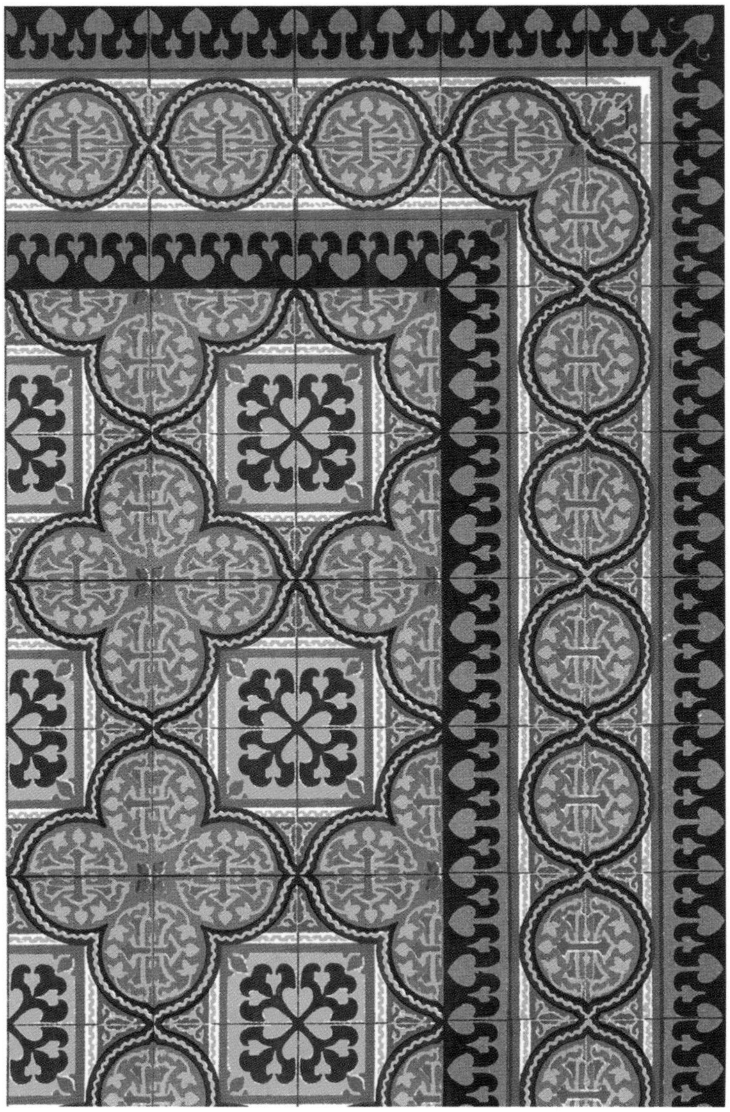

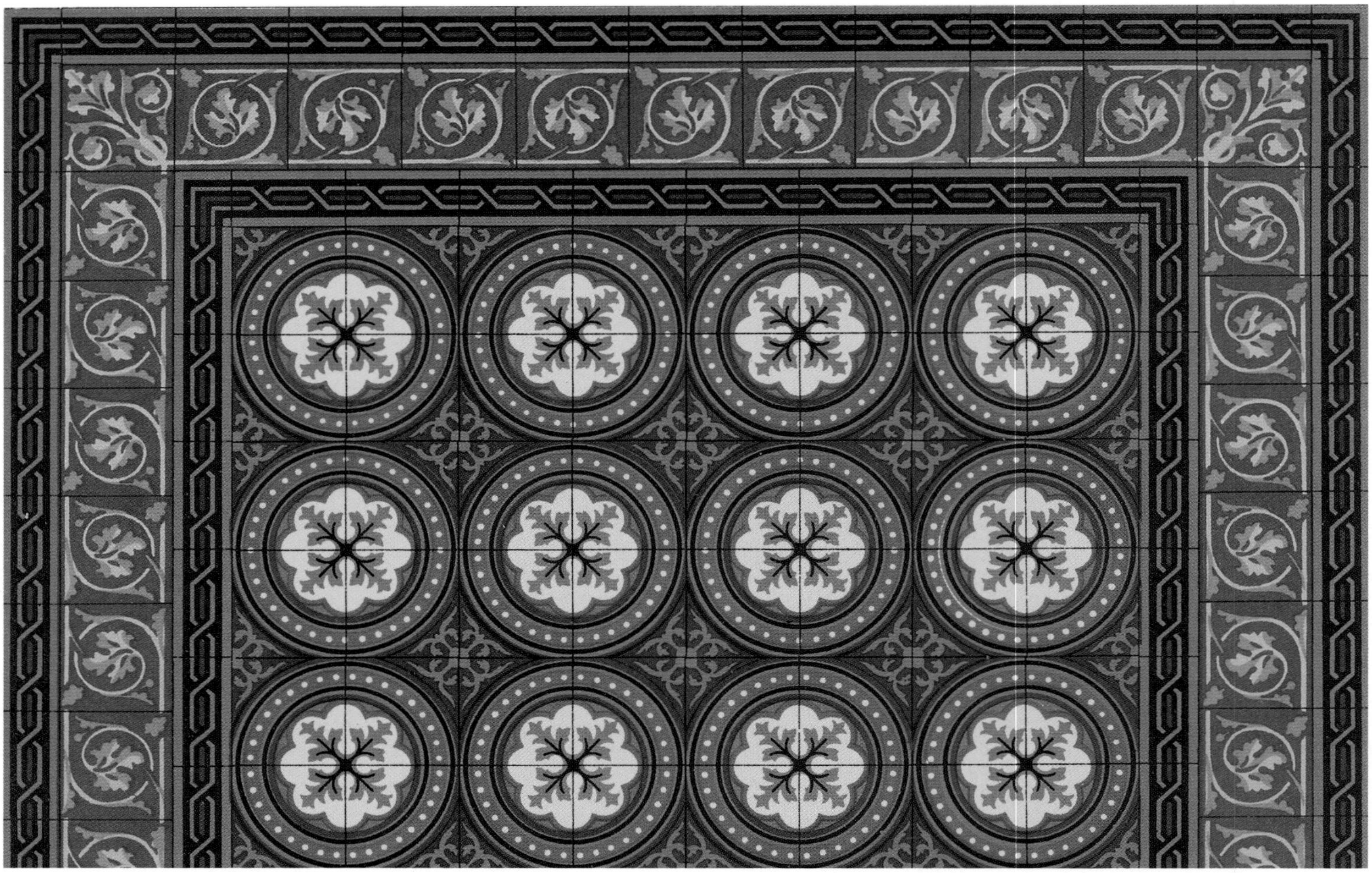

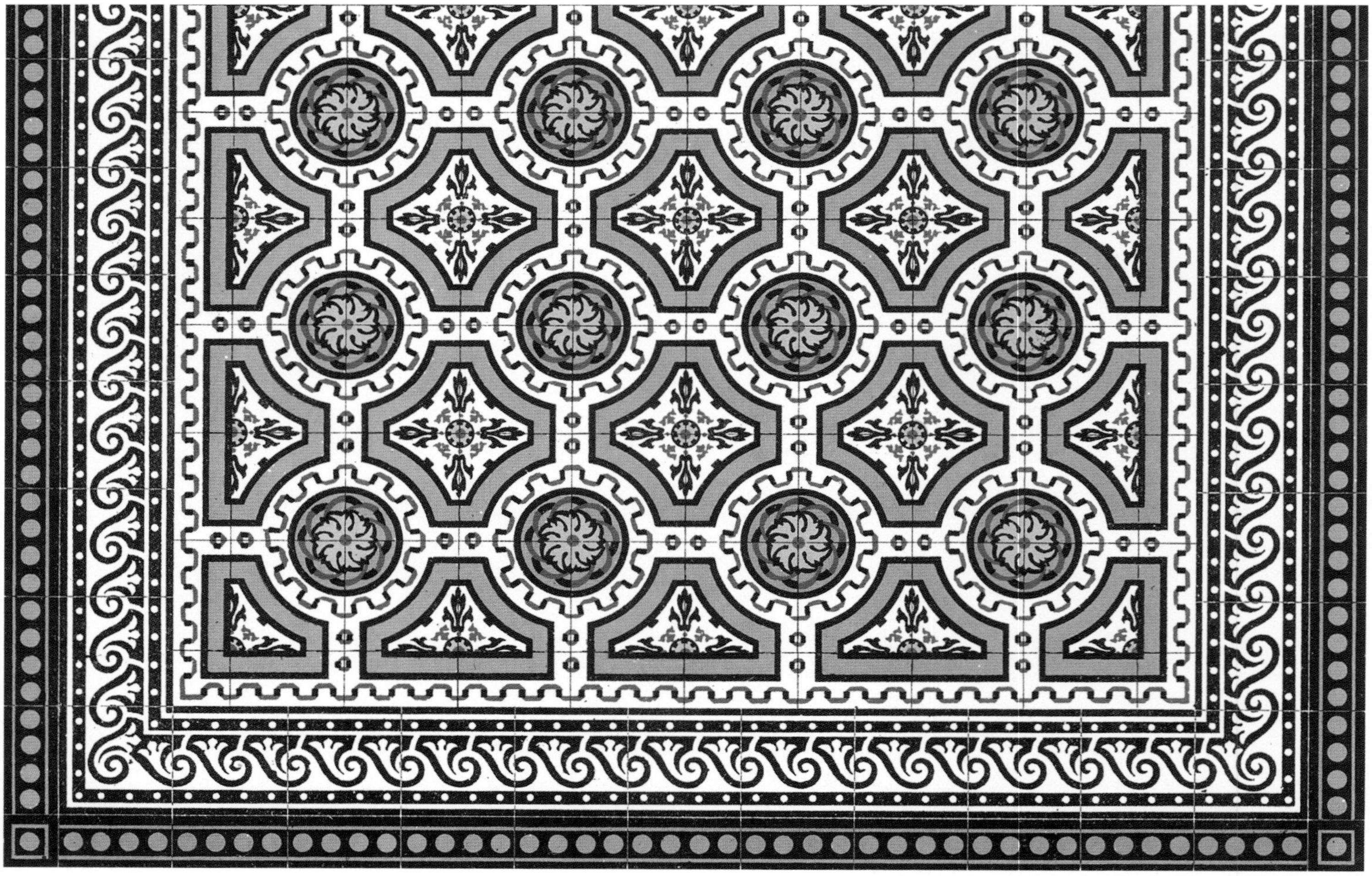

PLATE 16

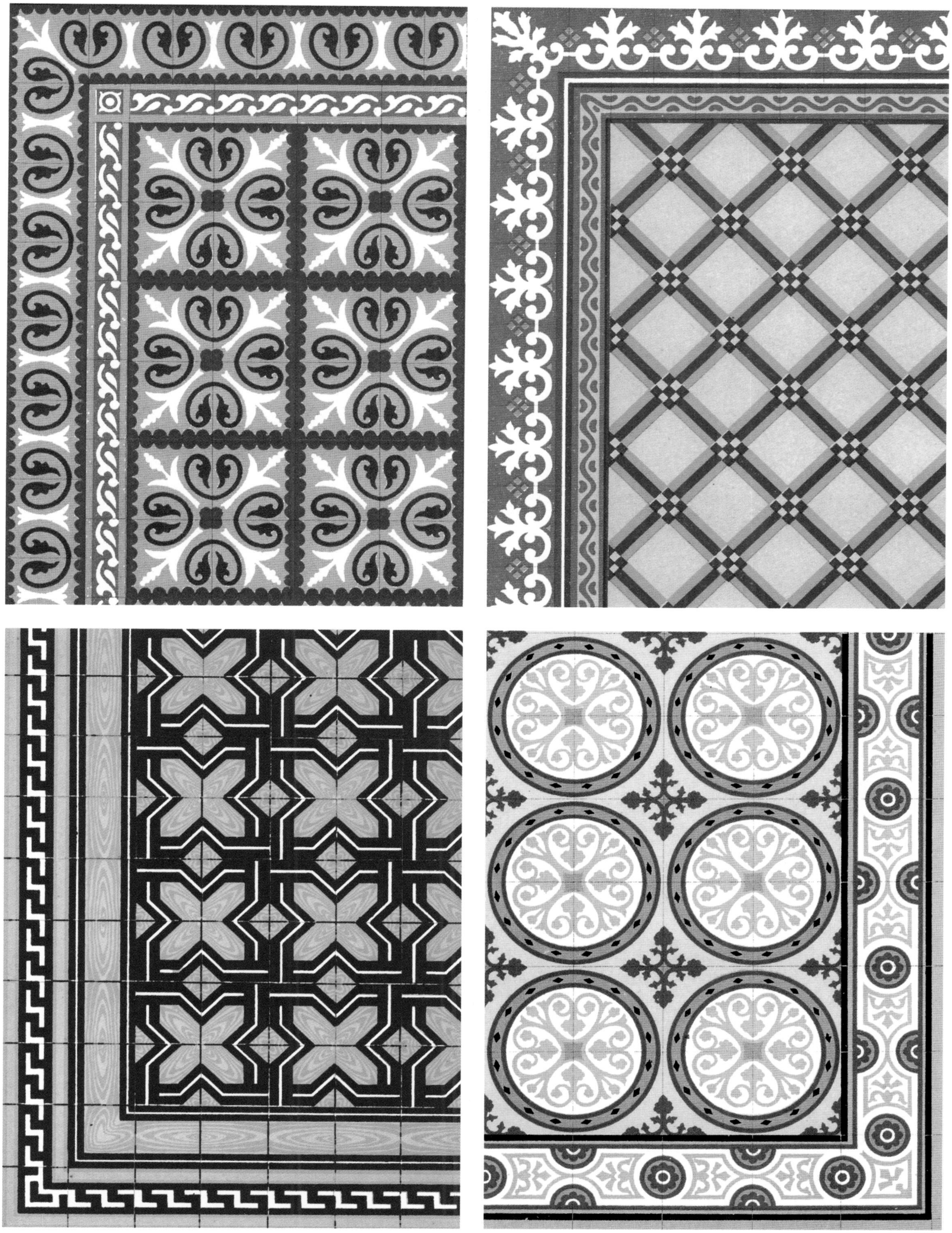

PLATE 17

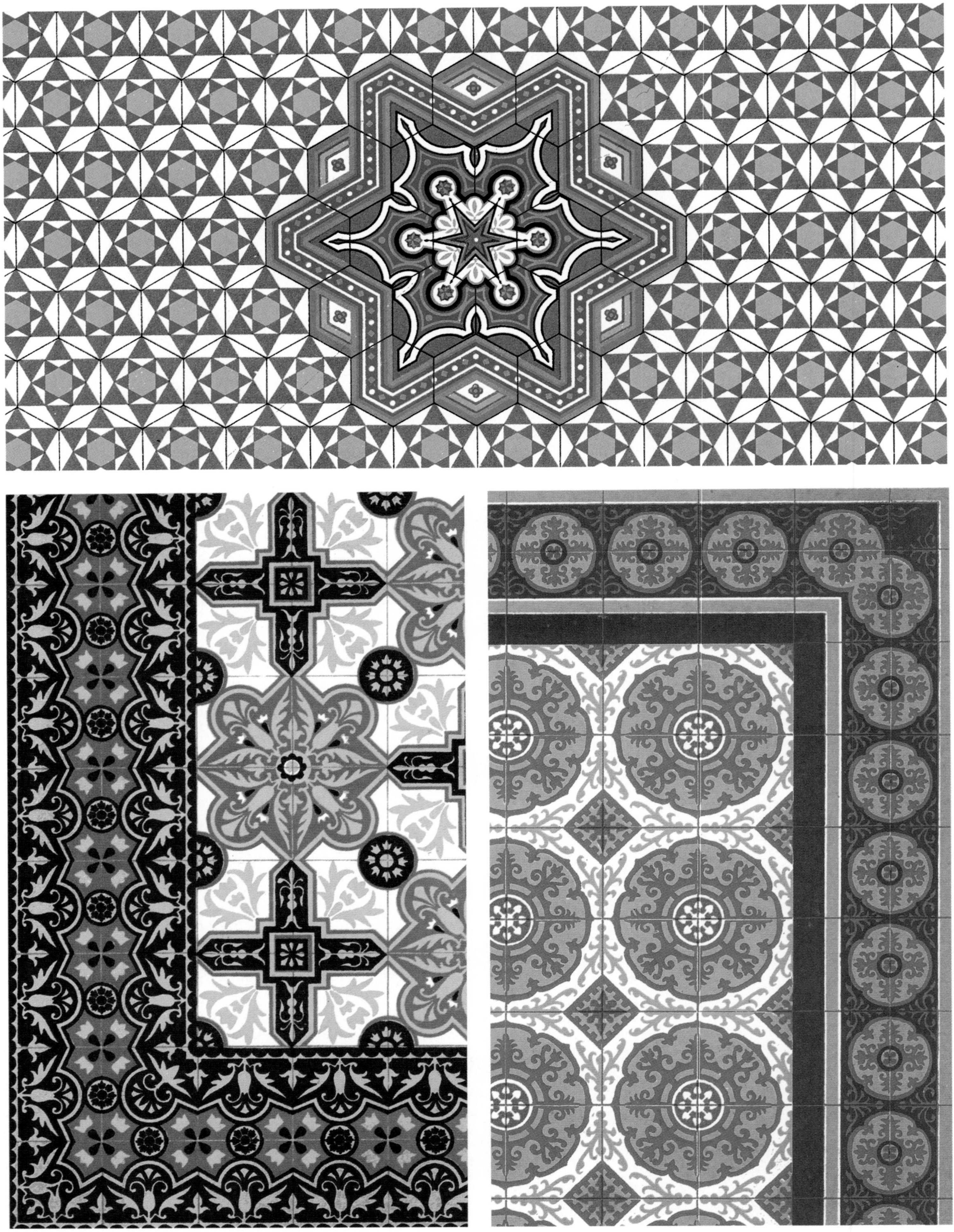

PLATE 18

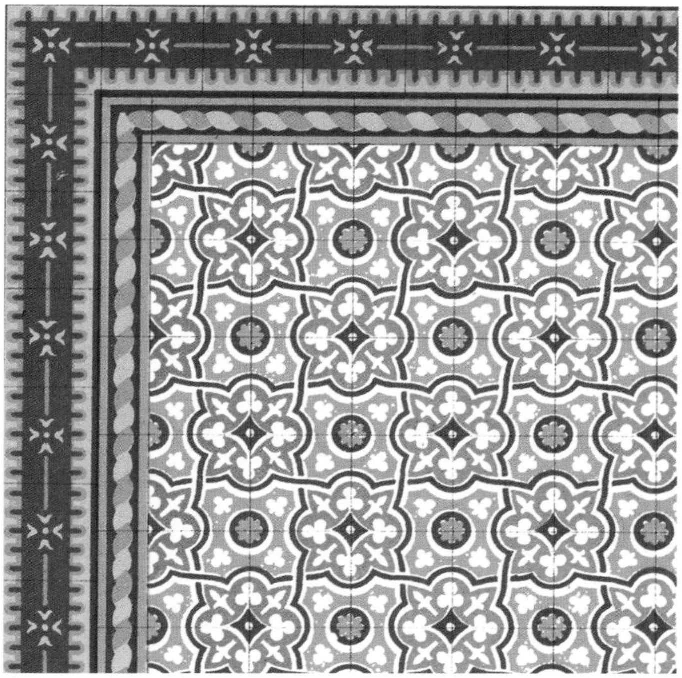
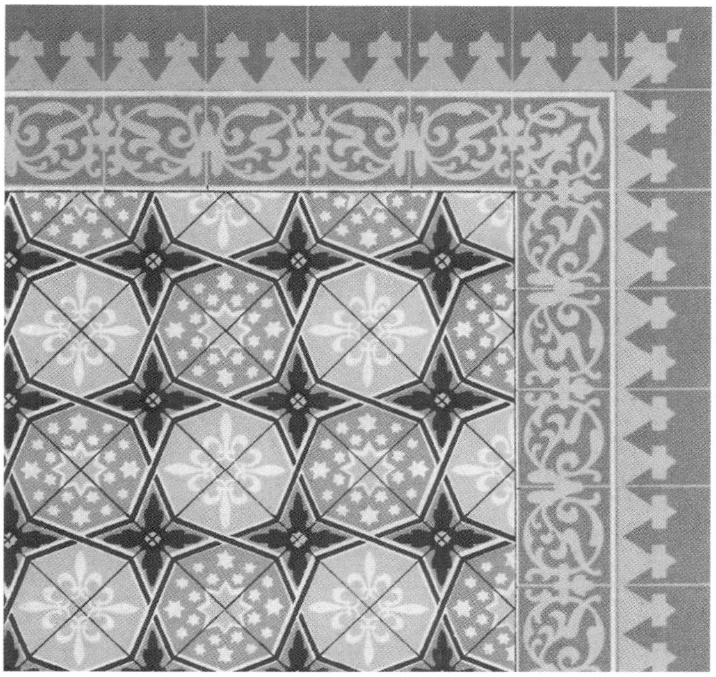
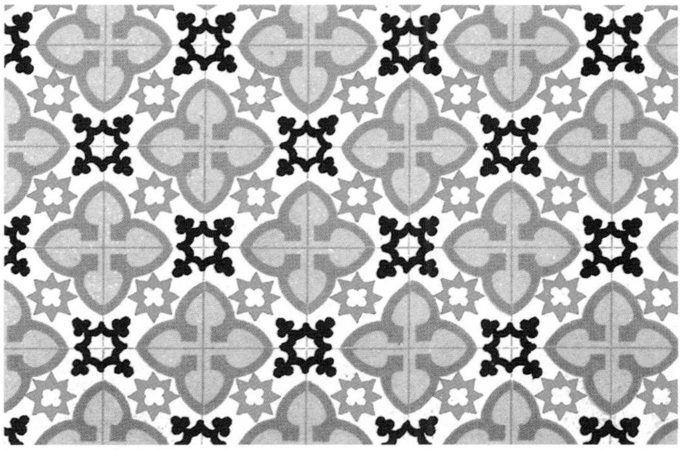
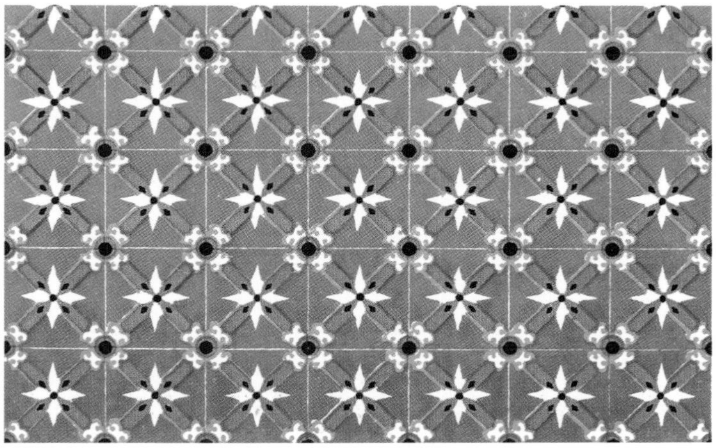
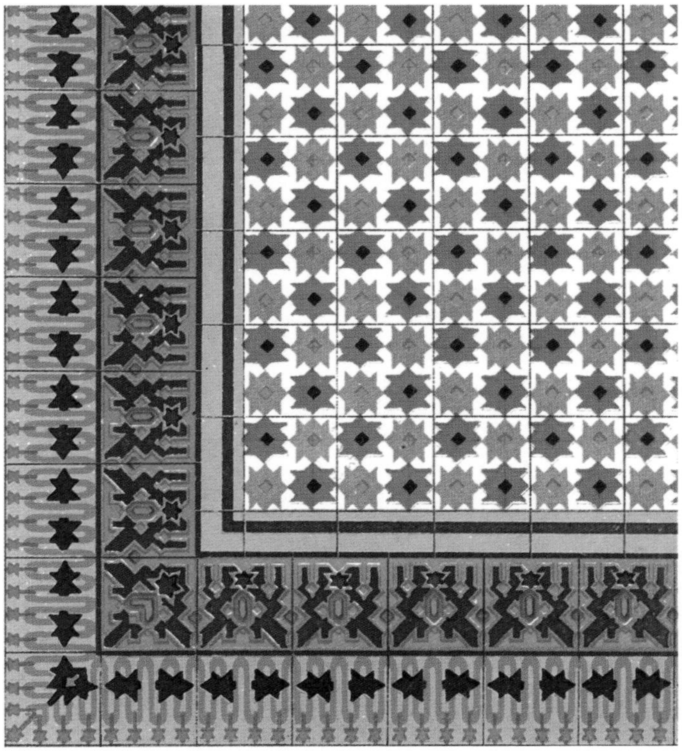

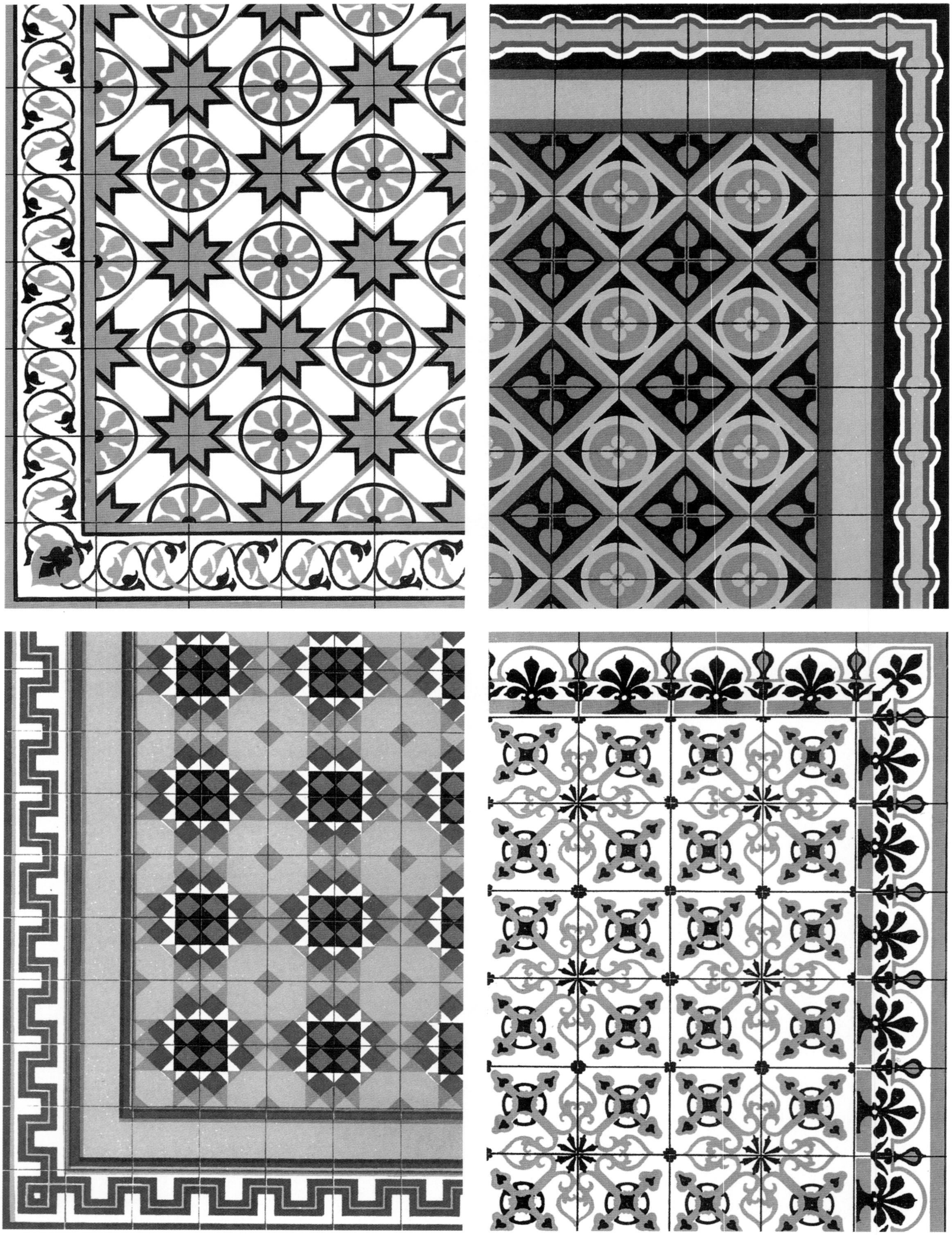

PLATE 20

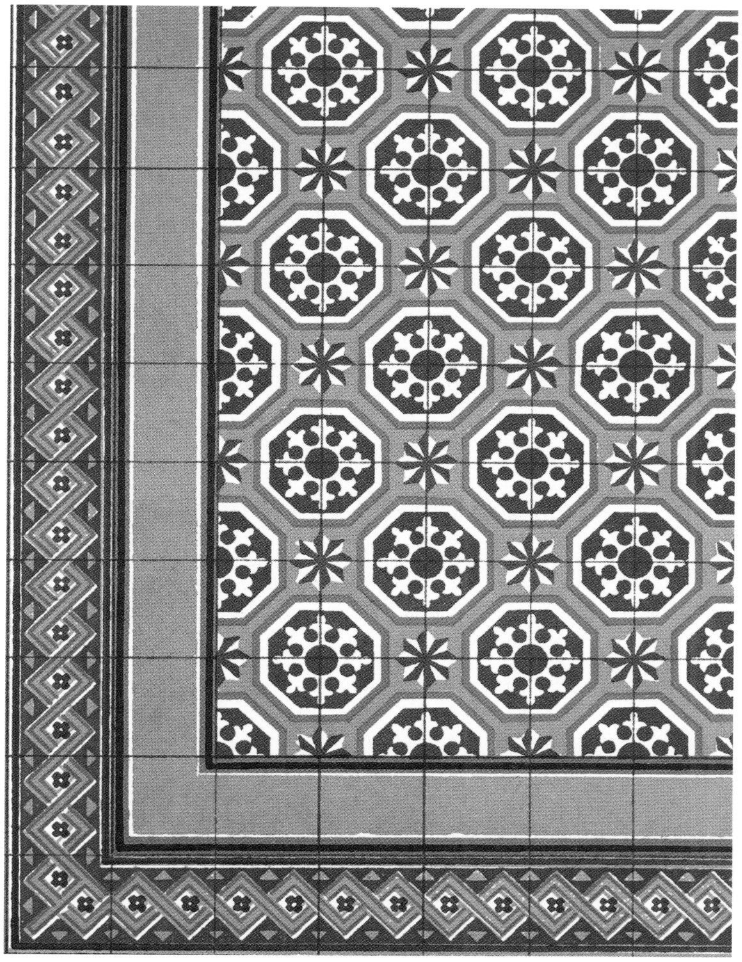

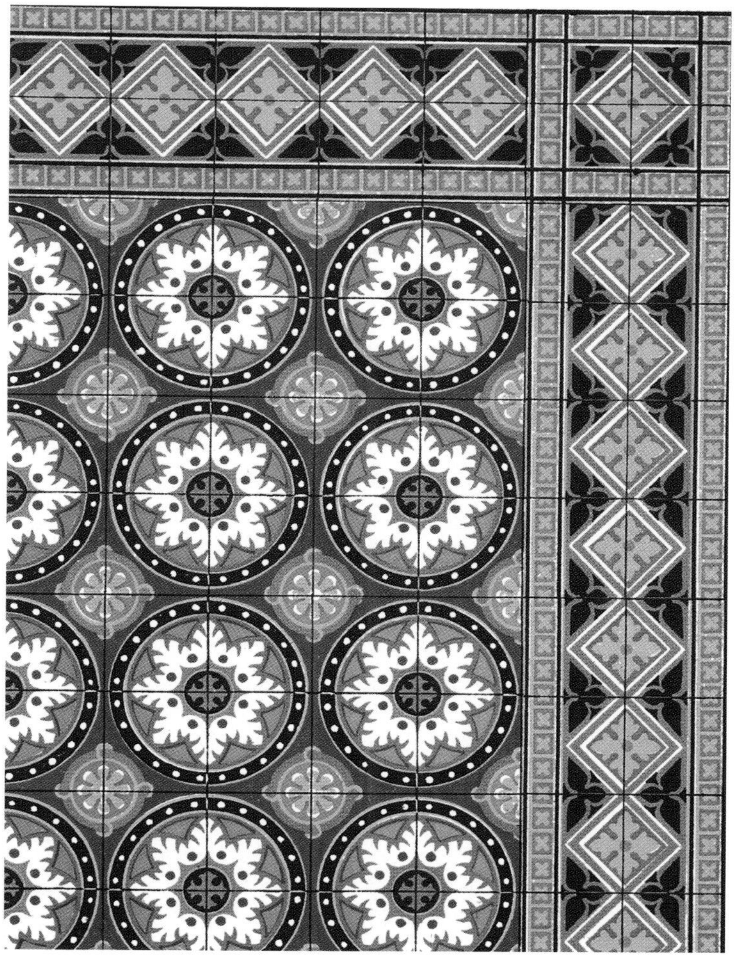

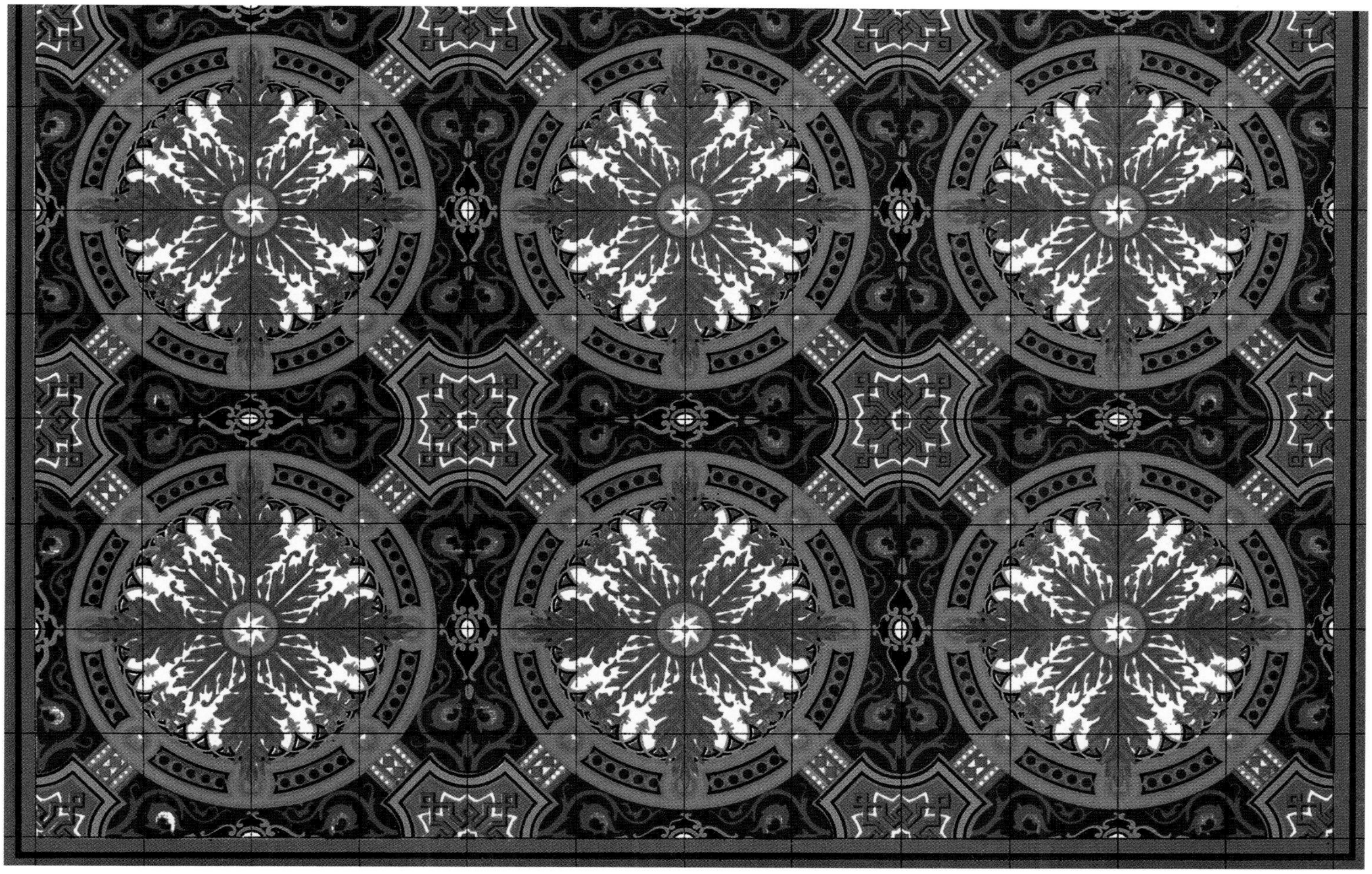

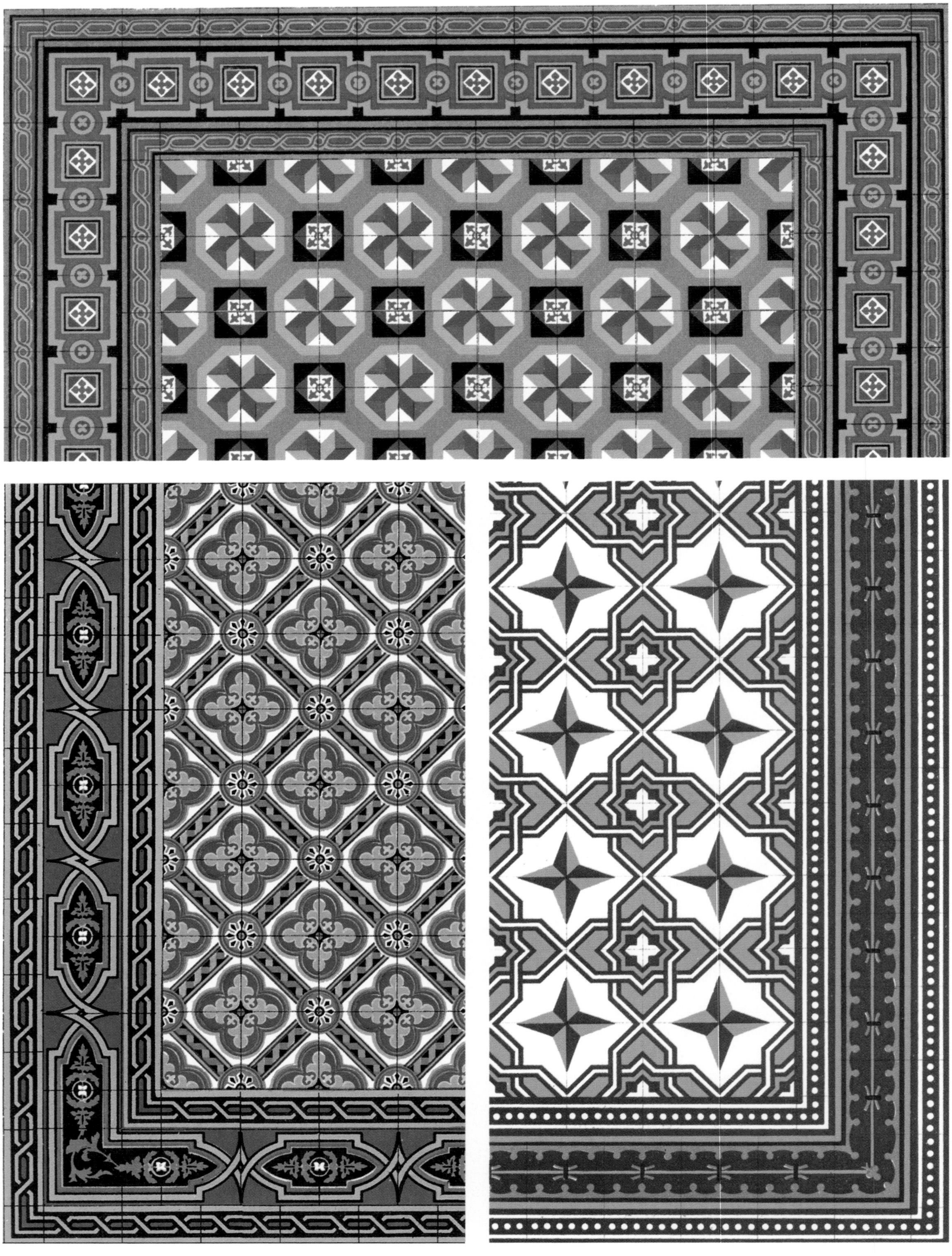

PLATE 22

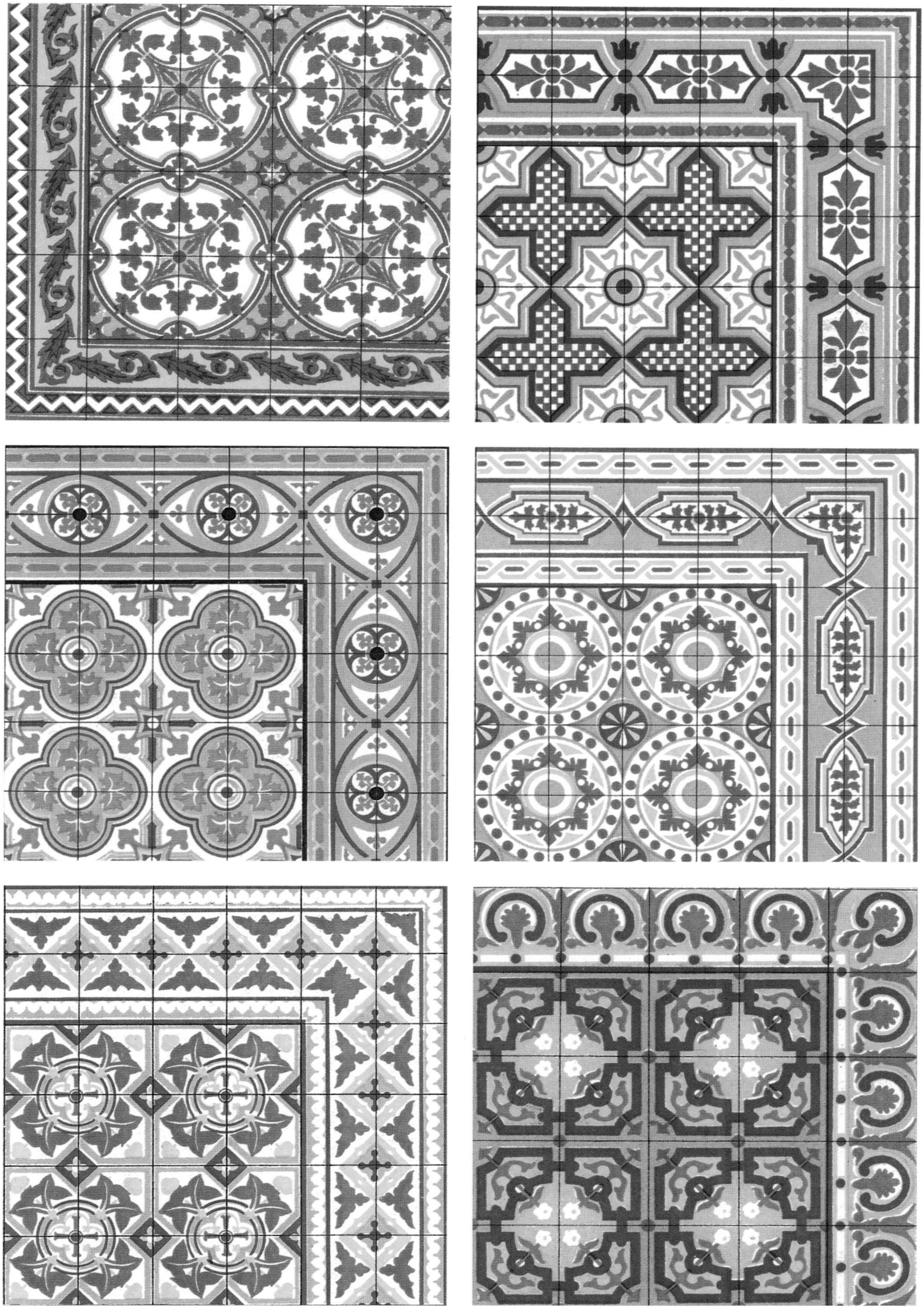

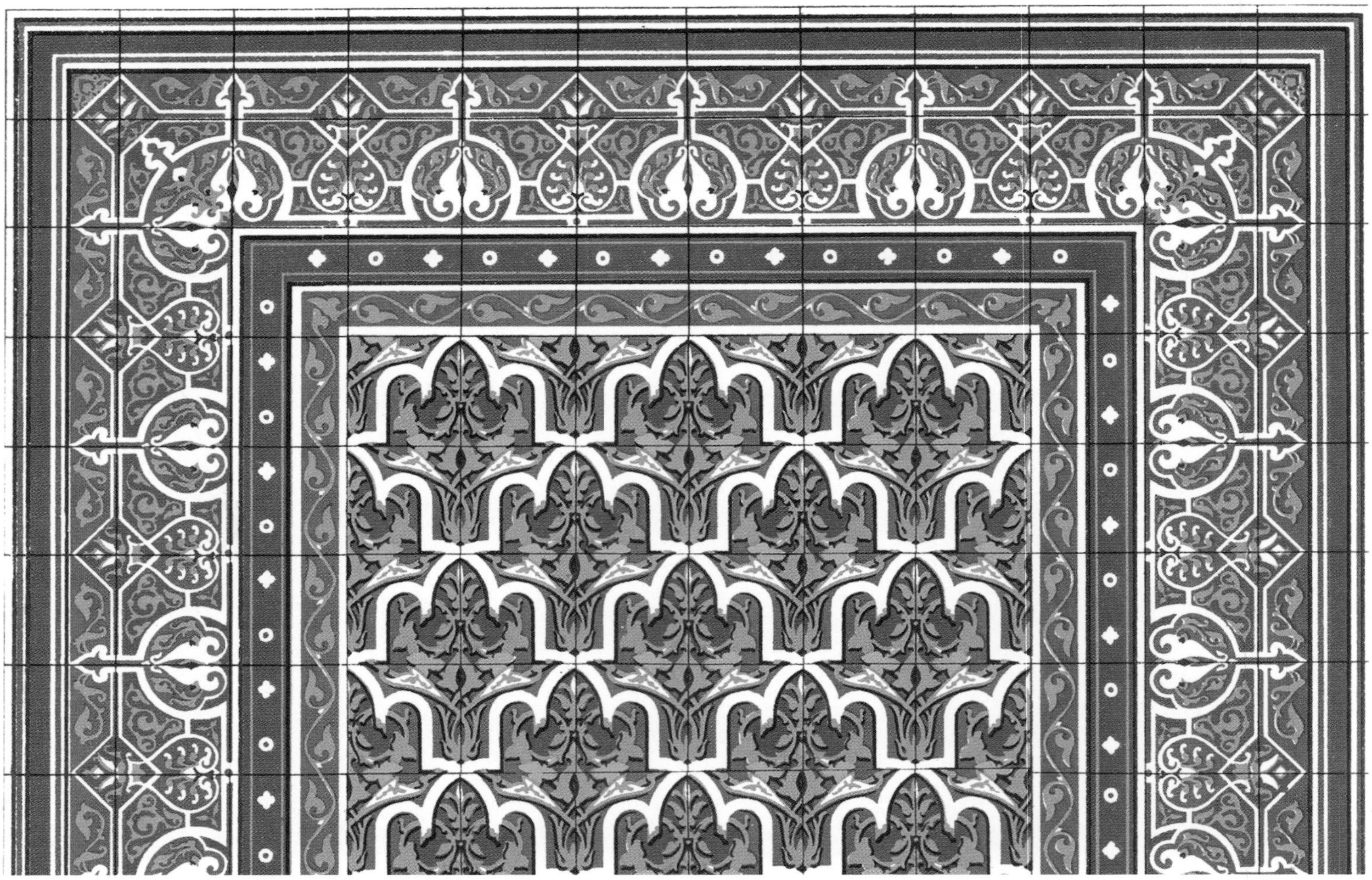

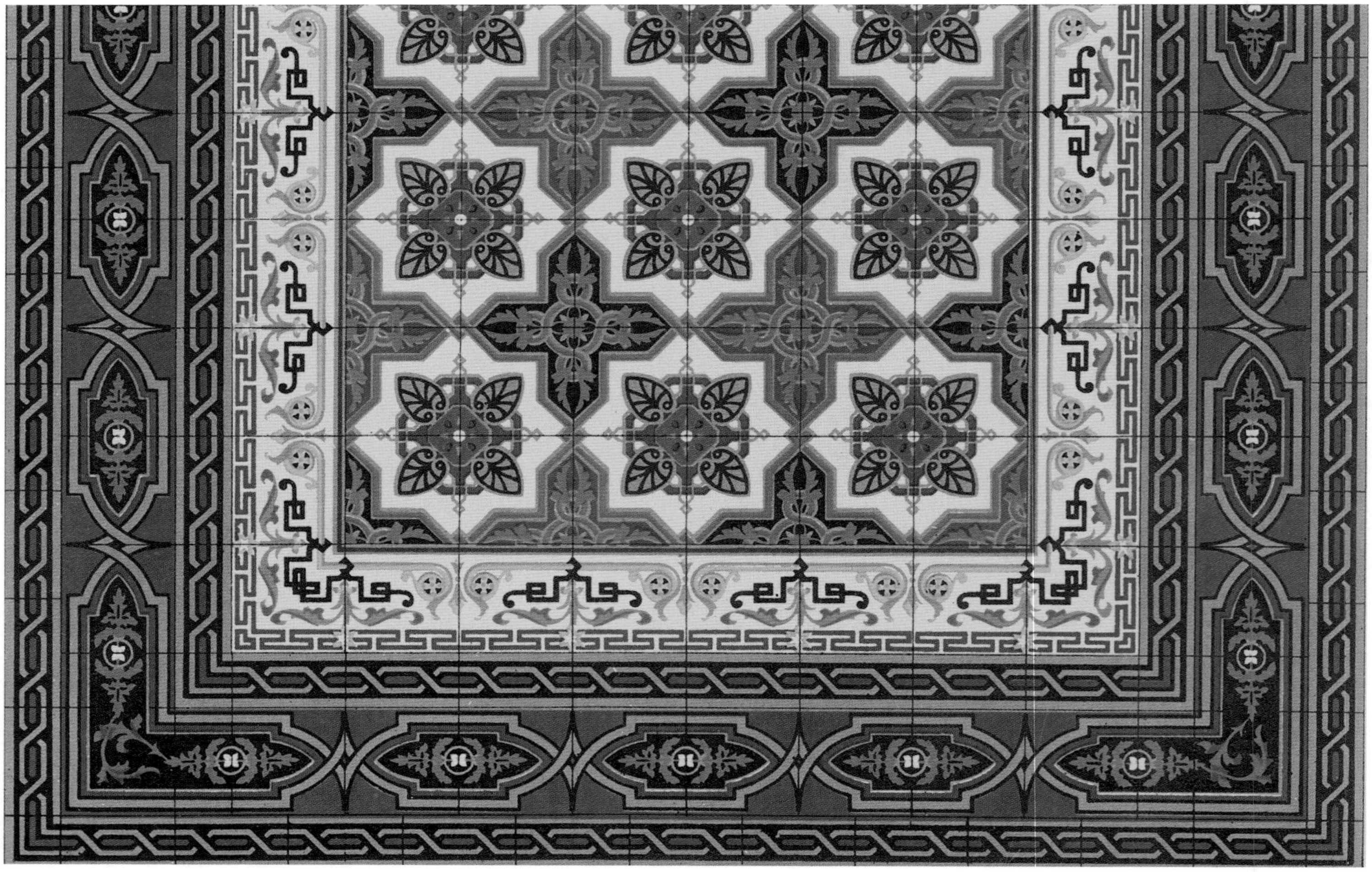

PLATE 24